Hans Heinrich Eggebrecht
Zur Geschichte der Beethoven-Rezeption

Spektrum der Musik

Herausgegeben von
Albrecht Riethmüller
Band 2

Hans Heinrich Eggebrecht

Zur Geschichte der Beethoven-Rezeption

Laaber

Zweite, ergänzte Auflage
ISBN 3—89007—296—8
© 1972 by Akademie der Wissenschaften und der Literatur, Mainz
© 1994 der ergänzten Neuauflage
by Laaber-Verlag, Laaber
Alle Rechte vorbehalten
Satz: Fotosatz Knuppertz, Hemau
Gesamtherstellung: Friedrich Pustet, Regensburg
Umschlagbild: Ludwig van Beethoven:
Fünfte Symphonie, Autograph, Anfang
(Staatsbibliothek zu Berlin, Preußischer Kulturbesitz, Musikabteilung)

INHALTSVERZEICHNIS

Vorwort 7

Zur Geschichte der Beethoven-Rezeption 11

    I.   Einleitung: Die 1920er Jahre.
          Distanz und Emphase
          und was sie gemeinsam haben 13
    II. Exposition: Leidensnotwendigkeit 34
    III. Durchführung: Begriffsfelder (Zur Methode) 52
    IV. Reprise: Überwindung 71
    V. Coda: Auswege 96

Zur Wirkungsgeschichte der Musik Beethovens.
Theorie der ästhetischen Identifikation 113

Beethoven und der Begriff der Klassik 135

Personenregister 161

VORWORT

Mit den Arbeiten über die Geschichte der Beethoven-Rezeption begann ich im Sommer 1968 im Vorausblick auf das Beethoven-Jahr 1970. Mitten in der Zeit der Studentenrevolte, in der ich als Universitätslehrer und damals auch als Dekan einer Philosophischen Fakultät existentiell engagiert war (wobei ich mir die Motivationen der Studentenbewegung weitgehend zu eigen machte), sah ich im Blick auf »Beethoven 1970« eine Situation voraus, die gekennzeichnet sein wird zum einen seitens der Mitläufer der Studentenrevolte durch eine Degradierung Beethovens zum Exponenten der befeindeten bürgerlichen Gesellschaft in Sachen Kunst und zum anderen seitens der kapitalistisch orientierten, auf Sensation eingeschworenen Massenmedien durch eine Vereinnahmung Beethovens ins kleinkrämerisch Sensationelle. Beides ist dann eingetroffen.

Da die Degradierung und die Vereinnahmung zur Wirkungs- und Aneignungsgeschichte Beethovens gehört, kam ich auf die Idee der »Rezeptionsgeschichte« — und dies in einer Zeit, als man überall über Kunstrezeption zu reden begann, aber noch fast keine Arbeiten darüber vorlagen.

Der Vorsatz, den zu erwartenden Attacken und Verunglimpfungen entgegenzusteuern, brachte mich auf den Gedanken, auf möglichst breiter Materialebene die Geschichte der bisherigen verbalen Beethoven-Rezeption zu durchforsten und ihre Aussagen in Begriffsfelder zu ordnen, um ausfindig zu machen, wie Beethovens Musik durch die Zeiten hindurch die Menschen beeindruckt hat und um von daher die Möglichkeiten dieser Beeindruckung zu erfahren und zu erfassen, so weit sie bis in unsere Zeit dokumentiert sind. Dabei ergab sich ein von Anfang an und bis in die Gegenwart konstanter Grundtenor, ein Grundgeflecht der sprachbegrifflichen Rezeption, das auch dort in Erscheinung tritt, wo man gegen Beethoven opponierte. Dieses Grundgeflecht systematisierte ich in »Konstanten« der Beethoven-Rezeption. Und von diesen Konstanten behaupte ich, daß sie nicht auf subjektiver Willkür, geschichtsbedingten Prädispositionen, Gruppen- und Klassenbildungen oder auf erstarrten Topoi beruhen, sondern daß sie in ihrer alle geschichtlichen und personellen Diversitäten überdauernden und überschwemmenden Konstanz Beethoven als das erfassen und zu erkennen geben, was er ist, zumal es sich erwies, daß eben diese Konstanten in Beethovens eigenen verbalen Äußerungen bereits angelegt sind. (Daß sie grundlegende Aussagen auch in Beethovens Musik umschreiben, habe ich in dem Beethoven-Kapitel meines Buches *Musik im Abendland*, München 1991, aufzuzeigen versucht.) Mit dem verbalen Rezeptions-Material wurde demnach so verfahren, daß es nicht als eine Ansammlung von Mißverständnissen und Irrtümern beiseitegeschoben oder widerlegt werden sollte, sondern »daß es — im Prozeß der Bloßlegung seiner homogenen Grundschicht — als die Entfaltung und Bestätigung des historischen Phänomens selbst angesehen wird. Die verbale Rezeption bringt die begriffslose Musik zum Begriff. Indem sie den Ausgangspunkt zur Geschichte seiner begrifflich artikulierten Wirkungen entfaltet, beleuchtet sie ihn zugleich.«

Dem Herausgeber dieser Schriftenreihe und dem Verlag bin ich dankbar, daß sie mit dem Gedanken einer Neuveröffentlichung dieser Schrift an mich herantraten und sie somit aus dem Dornröschenschlaf einer Akademie-Abhandlung befreien. Mag man mir auch vorgeworfen haben, ich hätte Beethoven an Hand von Rezeptionsklischees glorifiziert, so denke ich doch nach wie vor, daß die Konstanten nicht als Klischees beurteilt werden können und die Glorifizierung nichts anderes ist als eine dem Gegenstand entsprechende Würdigung und daß eine andere Art des urteilenden Erfassens Beethovens — sofern über den kompositionstechnischen Aspekt hinausgegangen wird — weder in Sicht noch wohl auch denkbar ist.

Der Abhandlung sind auf Vorschlag des Herausgebers zwei Texte beigegeben, die sich, etwas später geschrieben, auf die

Hauptschrift beziehen und deren Blickpunkt zu erweitern und zu ergänzen versuchen in Richtung des von mir geprägten Begriffs der »ästhetischen Identifikation« und in Richtung des Begriffs der musikalischen Klassik.

Freiburg, Sommer 1993

Zur Geschichte der Beethoven-Rezeption

I

EINLEITUNG: DIE 1920ER JAHRE

Distanz und Emphase und was sie gemeinsam haben

Zwischen Beethoven einst und Beethoven heute steht die Geschichte der Beethoven-Rezeption. Sie spielt sich — national differenziert — auf verschiedenen Ebenen ab: kompositionsgeschichtlich (hier auch innerhalb der Kompositionslehre), interpretationsgeschichtlich (im Sinne der Wiedergabe der Werke), wertungsgeschichtlich (im Sinne wechselnder Bevorzugung von Werken), funktionsgeschichtlich (im Blick etwa auf Ort und Gelegenheit ihrer Reproduktion), perzeptionsgeschichtlich (in Hinsicht auf die geschichtlich sich wandelnden Hörerfahrungen), verwendungsgeschichtlich (Bearbeitung; Collage; Pop), auch kunstgeschichtlich (Gemälde, Plastiken, Denkmäler). Das Rezeptionsmaterial, das im folgenden herangezogen wird, ist das der verbalen Reflexion über Beethoven, das Beethoven-Schrifttum in bezug auf die Interpretation des Phänomens Beethoven, also das reflexionsgeschichtliche Material, dessen Befragung sich allerdings von anderen Rezeptions-Aspekten, vor allem von denen der Wertungs-, Funktions- und Perzeptionsgeschichte, nur bedingt isolieren läßt.

So fraglos gefordert ist, daß die Stufen und Punkte der Rezeptionsgeschichte je aus ihren eigenen Prämissen verstanden werden, beschäftigt uns die Geschichte des Beethoven-Bildes (sozusagen die Begriffsgeschichte Beethovens) hier nicht mit dem Ziel, sie wiederholt als das, was sie für sich selbst ist, zu beschreiben und zu verstehen, sondern in der Absicht, sie mit der Frage nach Beethoven heute in Beziehung zu setzen.[1]

---

1 Die vorliegende Abhandlung ist die erweiterte Version eines Vortrags mit dem Titel *Beethoven 1970*, den der Verf. in der Akademie der Wissenschaften und der Literatur (Sitz Mainz) im April 1970 als Plenarvortrag zu halten hatte. Die

Zu beobachten ist als Faktum, daß sich in der deutschsprachigen Literatur über Beethoven erstmals in dem Jahrzehnt nach 1918 ein Unbehagen bemerkbar machte, welches teils auf die bisherige verbale Rezeption Beethovens sich richtete und von deren Übertreibungen und Auswüchsen sich zu distanzieren versuchte, teils jedoch auch zur Distanz gegenüber Beethoven selbst aufrief, wobei die überkommene Rezeptionssprache als Indiz fürs Phänomen selbst gesetzt wurde.

Einige der Reflexionen über Beethoven aus der Zeit der zwanziger Jahre seien erwähnt, um an Hand des historischen Materials jenes Unbehagen näher zu umschreiben und zu zeigen, wie man ihm zu begegnen, sich von ihm zu befreien versuchte. Dabei erweist sich zugleich die Erfolglosigkeit und Ohnmacht dieser damaligen Versuche — Ohnmacht gegenüber der emphatischen Identifikation des öffentlichen Bewußtseins gerade mit Beethoven, dem Klassiker, dem unantastbaren Inbegriff, und Erfolglosigkeit angesichts der noch näher zu umschreibenden Schwierigkeit, die Rezeptionsgeschichte Beethovens in dem Sinne zu bewältigen, daß — überzeugend und umfassend — ein in der Tat neues Bild hätte entstehen können.

Nicht oft wurde Beethoven so grundsätzlich angetastet wie in Ferruccio Busonis 1920 geschriebenem, 1922 veröffentlichtem Aufsatz *Was gab uns Beethoven?*[2] In seinem Konzept der in ihrer Absolutheit (Reinheit) begründeten »Einheit der Musik« (ein Konzept romanischer Provenienz) spielt er den »göttlichen Mozart« ge-

---

Vorarbeiten hierfür begannen im Sommer 1968 im Blick auf das ›Beethoven-Jahr‹ 1970. Das Beethoven-Schrifttum dieses Jahres hat dann, wie zu zeigen sein wird, die hier behandelte Fragestellung viel mehr bestätigt, als daß es wesentlich neue Perspektiven entwickelt hätte.

2 In: F. Busoni, *Von der Einheit der Musik, Verstreute Aufzeichnungen* (= Max Hesses Handbücher, Bd. 76), Berlin 1922; im gleichen Jahr veröffentlicht auch in Die Musik XV, Heft 1, Okt. 1922; zitiert nach: F. Busoni, *Wesen und Einheit der Musik,* Neuausgabe der Schriften und Aufzeichnungen Busonis, revidiert und ergänzt von J. Herrmann, Berlin 1956, S. 173ff.

gen den »menschlichen Beethoven« aus. »Um die Menschheit zu leiden ist höchst ›menschlich‹, ehrfurchtgebietend, dankens- und liebenswert; anbetungswürdig aber ist das ›Göttliche‹, welches keinen Zweifel kennt noch weckt, und alles Leiden vergessen macht«. Nicht will Busoni das Bild Beethovens von der Rezeption reinigen, sondern er selber denkt und spricht durchaus in deren üblichen Begriffen, um durch sie Beethoven zu charakterisieren: »Das Menschliche tritt mit Beethoven zum erstenmal als Hauptargument in die Tonkunst«; »... mit schöner Sehnsucht ... holt er immer wieder vom Leiden aus ...« Aber es frage sich, ob das einen Gewinn bedeutet, »ob es die Aufgabe der Musik ist, menschlich zu sein, anstelle rein-klanglich und schön-gestaltend zu bleiben«. Die Antwort auf die Frage »Was bedeutet Beethoven den Heutigen?« (der »Jugend« zumal) reduziert er auf das Prinzip der »Aufrichtigkeit« (»Beethoven lag das Trotzige, das Grollende und das Versöhnende am nächsten der eigenen Natur; darin war er makellos aufrichtig«) und aufs Prinzip des Einstands zwischen Inhalt und Aufwand (»das Zurücktreten des Virtuosenhaften gegenüber der ›Idee‹«). Busoni will das musikalische Bewußtsein von Beethoven freimachen und reinigen, es befreien von dem Undiskutierten der Autorität, dem »zum Symbol gediehenen Werk der musikalischen Menschlichkeit«, das eine »militante Priesterschaft« bewacht — es freimachen von dem durch Beethoven entstandenen »Ehrgeiz der Bedeutung, der Tiefe, des Zyklopischen«, der »Übertrumpfung um ihrer selbst willen«, der »sozialen Tendenz« und »propagandistischen Gebärde«.

Als Busoni diesen Aufsatz 1922 zur Veröffentlichung an die Zeitschrift *Die Musik* sandte, schrieb er an den Herausgeber[3]: Sein Artikel solle »den ›Auftakt‹ ... geben zur Diskussion über eine Frage, die wir ein Jahrhundert lang gläubig bejaht haben, ohne sie zu prüfen; an deren Maßstab wir alles übrige maßen, mit der Voreingenommenheit seiner unbedingten Überlegenheit; durch die wir uns einschüchtern und knechten ließen, in Meinungen und Taten«.

---

3 Abgedruckt dort als Vorbemerkung.

Und er verglich sein »ketzerisches Unterfangen« mit »Entwöhnungskuren, die mit klügster Vorsicht begonnen werden müssen«.

Aber weder wurde durch Busoni eine Diskussion in seinem Sinne über Beethoven eröffnet (etwa in dem Sinne, ob Musik *vom Leiden ausholen* oder *Leiden vergessen machen solle*), noch gar begann eine Entwöhnungskur. Bequemer war es dem Unbehagen, einen anderen, bis heute weithin begangenen Weg der Befreiung einzuschlagen, den der Reduktion des Phänomens aufs Kompositionstechnische — in der Sprache der zwanziger Jahre: aufs sogenannte »Handwerk«. Es ist dies ein Verfahren speziell der Komponisten, die an ihren Vorgängern studieren, »auf welche Weise sie formale Probleme gelöst haben«. Diese Worte stammen von Strawinsky; sie leiten in seiner Selbstbiographie jenen Abschnitt über Beethoven ein, der sich auf die Zeit von 1924 bezieht, als Strawinsky seine Sonate für Klavier komponierte.[4]

In ihrer Polemik gegen das musikalisch Inhaltliche, die — mit dem erhobenen Zeigefinger der Hanslickschen Phraseologie (»In der Musik nichts anderes als Musik hören«) — ein plump Referiertes als Totalirrtum hinwegfegt, waren Strawinskys Ausführungen über Beethoven geeignet (wenn nicht darauf angelegt), aus der Handwerksstätte des Komponisten hinauszudringen und sich alsbald als Verständnis Beethovens zu verbreiten. Anstelle des »berühmten ›Weltschmerzes‹«, der »überspannten Schwärmerei«, der »Plattheiten und Gemeinplätze« (für die er Belege aus einer sowjetrussischen Zeitung herbeizitiert) konstatiert Strawinsky bei Beethoven, »wie vollendet er das ›Instrument‹ beherrscht«, und »die Präzision, mit der er seine Gedanken ausdrückt«. »Nicht nur um ihres gedanklichen Inhalts willen, nein, weil sie so herrlich klingt, ist seine Musik wahrhaft groß.«

Für Strawinsky wie überhaupt die schöpferisch-kompositorische Rezeption Beethovens erscheint es legitim, über den »gedank-

---

4 *Chroniques de ma Vie*, 1936, zitiert nach der deutschen Übersetzung in: *Igor Strawinsky, Leben und Werk — von ihm selbst*, Zürich und Mainz 1957, S. 111ff.

lichen Inhalt« von Musik nicht anders als technisch zu sprechen. Aber ebenso unbestritten wie die Identität von Technik und Gehalt bei Musik ist die Tatsache, daß diese Identität in der rein technischen Beschreibung unartikuliert bleibt. Strawinskys technologischer Beethoven kulminiert in der Feststellung, »daß hier eine Kraft am Werke ist, die in erster Linie eine konstruktive Ordnung schaffen will«. Und an anderer Stelle (S. 157) bringt ihn Tschaikowsky auf den Gedanken, Beethoven mit einem Schuster zu vergleichen. Im Begriff der konstruktiven Ordnung, dem scheinbar so musikalischen, und in dem des Handwerks, dem so sachlichen, bekundet sich ein Dogma der zwanziger Jahre. Konstruktive Ordnung und Handwerk sind jedoch so alles und nichts und in bezug auf Beethoven so schwach und elend, so lediglich die vom berühmten Weltschmerz provozierte Kehrseite, daß man — wäre es nicht Strawinsky, der es gesagt hat — versucht ist, mit dessen eigenen Worten Beethoven »gegen die Dummköpfe und Großschnauzen zu verteidigen, die sich erlauben, über ihn zu spotten und ihn zu verkleinern. Sie glauben, damit zu beweisen, wie modern sie sind, und sie vergessen, wie schnell Moden vermodern«.

Zur »Klärung der Begriffe« über die großen Meister und anläßlich von Beethovens 120. Todestag veröffentlichte die Zeitschrift *Melos* 1947 Strawinskys Partien über Beethoven mit der Überschrift *Beethoven ohne »Weltanschauung«*. Daß das Problem so jedoch nur verdrängt, nicht gelöst war, verdeutlicht — exemplarisch — 1951 eine Replik von Arno Erfurth in der Zeitschrift *Das Musikleben*: Was in Strawinskys Beethoven nicht aufgehe, sei dasjenige, was Beethoven eigentlich ausmache und seine »mächtige Breitenwirkung«, die unentwegte »Rekordziffer der Beethovenaufführungen« erklärt: »... ›die ewige Wiederkehr des Gleichen‹ — Leben, Schicksal ... Miterleben ... Wucht ... heroische Sprachgebärde ... Kampfplatz der dualistischen Themenwelt ... Der Mensch fühlt sich bei Beethoven in seinem Wesen berührt und verstanden. Er kann sich in seine Musik ›hineinleben‹.«

Analysiert und summiert man das Ergebnis einer Rundfrage von 1927, veröffentlicht in *Zeitgemässes aus der Literarischen Welt*[5] mit der Überschrift *Beethoven in der Meinung der jungen Musiker*,

---

5 Fotomechanischer Nachdruck Stuttgart 1963, S. 89ff.

so scheint es, als wäre Beethoven, als man sein 100. Todesjahr beging, für eine damalige Komponistengeneration bedeutungslos geworden: Bei ihr könne man von einem »unmittelbaren Einfluß Beethovens nicht sprechen« (Kurt Weill), einen solchen »gibt es in der wertvollen Produktion bestimmt nicht, in keiner Weise« (George Auric).[6] Beiseite gelegt waren hier nicht nur die »falsche Beethoven-Auslegung« (Weill), die »Legende seines Lebens« (Ravel), die »Überinszenierung«, der »hymnisch-philosophierende Kult« (Joachimson) und nicht nur der »Konsum« als »die Gewohnheit des Mittelstandes aller Länder« (Křenek), die »durchaus nichts beweisen« kann (Auric), sondern auch »die Quellen seiner [Beethovens] Gefühlsinhalte« (Weill), der »Gegenstand seiner Musik: die spätklassische Humanitätsideologie einer weltumfassenden Demokratie, mit dem romantischen Einschlag konfliktbeladener Beziehungen des Individuums (in faustischem Sinne) zu höheren Einheiten (Gesellschaft, Kosmos u. dgl.) — für uns, wenigstens in der zeitgebundenen Form, kaum noch lebendig« (Křenek). Allenfalls wird sortiert: »VIII. Symphonie, letzte Quartette« (Křenek), oder der Verzicht als »vorübergehend« notwendig (Weill), als subjektiv unvermeidlich »im Augenblick« (Křenek) deklariert oder die Vermittlung Beethovens durch Schönbergs frühe Kammermusik festgestellt (derselbe). Und aus Frankreich hallen die Abschüsse: Beethovens »unvollkommene Musik« (Ravel); »er war in seiner Art nie etwas Vollkommenes, Erstklassiges«, und »Kinder und ganz junge Musikschüler« sollen seine Sonaten spielen, »so wie wir alle einmal wundervolle Indianerbücher, und zwar mit guter Wirkung für uns, gelesen haben« (Auric).

Diese Standpunkte sind fürs Selbstbewußtsein der damaligen Komponisten so intern und unantastbar, wie sie fürs öffentliche

---

[6] »Allen Antworten gemeinsam ist die mehr oder weniger scharf formulierte Feststellung, ein Einfluß Beethovens auf die moderne Produktion sei nicht zu konstatieren«, resümierte Felix Joachimson.

Phänomen Beethoven 1927 unmaßgeblich und unverbindlich sind.[7] Quer zum Ergebnis jener Rundfrage steht am Ende der zwanziger Jahre »die seit Jahrzehnten nicht erreichte Stärke seiner Wirkungen ... Ob Furtwängler, Kleiber oder Bruno Walter: Fast jedes Konzert enthält eine Beethovensymphonie. Fast jede Opernsaison bringt eine Neueinstudierung des ›Fidelio‹. Und Kammermusik oder Solistenabende ohne Beethovenkompositionen sind überhaupt nicht denkbar« (Joachimson). Am Schluß seines Resümees versucht Joachimson diese Tatsache mit dem Ergebnis der Umfrage nebulos zu versöhnen, indem er meint, es sei »an der Zeit ..., die zeitgebundenen Ideale des Menschen [Beethoven] vom zeitlosen Werk des Musikers zu trennen«.[8]

---

7 Zu denen, die auf jene Umfrage nicht geantwortet hatten, gehörte Schönberg (»Weder Hindemith noch Schönberg konnten sich zu einer Antwort entschließen«, ebenda S. 89). Vielleicht steht das bei J. Rufer, *Das Werk Arnold Schönbergs*, Kassel 1959, S. 161 aufgeführte undatierte zweiseitige Manuskript »Die (Rund-) Frage wie man zu Beethoven steht« mit jener in Beziehung. — Was Schönberg kompositorisch von Beethoven gelernt hat (»... erworben, um es zu besitzen, ... verarbeitet und erweitert«), schrieb er 1931 nieder (veröffentlicht bei Rufer, S. 139); vgl. auch Schönbergs Brief an Anton Webern vom 22. 1. 1931; über Beethovens »gefühlsbetonte Musik« schrieb er an ›Mr. B.‹ am 31. Januar 1949.

8 In seiner Zeitschriften-Umschau »Zur Feier von Beethovens 100. Todestag« (Die Musik XIX, 1926/27) reagiert E. Preussner wohl hauptsächlich auf das dort (S. 594) referierte Ergebnis jener Rundfrage, wenn er im Vorspann seines Berichts eine »Zerrissenheit unserer Zeit« konstatiert. — Eine apologetische Haltung nahm das Beethoven-Jahr 1927 auch gegenüber der Jugendbewegung ein, der eine »Beethoven-Hetze« vorgeworfen wurde (ebenda S. 593); hierzu H. J. Moser, *Beethoven-Problematik*, Die Musik XVIII, 1925/26, S. 426; »Wir können und dürfen nicht blind dagegen sein, daß die allgemeine Gereiztheit der Jüngeren gegen das romantische Jahrhundert auch Beethovens Werk teilweise miteinbezieht ...« Ähnlich H. Abert (*Beethoven*, Die Musik XIX, 1926/27, S. 386): »Unter den jüngeren Leuten... macht sich bereits eine gereizte Stimmung gegen Beethoven fühlbar; sie finden sein Pathos gewaltsam, überspannt, ja unerträglich und seinen scharfen Subjektivismus geradezu ein Verhängnis für die Kunst. Alle Anzeichen deuten darauf hin, daß neuerdings in der Geschichte der Beethovenschen Kunst ein neues Blatt aufgeschlagen wird.« — Zur Steuerung der »heutigen Beethoven-Krise« empfahl übrigens Moser (schon damals), der »Abnutzungsgefahr« durch »Schonzeit« zu begegnen. »Wirklicher Beethoven-Kult wäre

Indessen war die damalige Musikwissenschaft gerade umgekehrt damit beschäftigt, im Sinne des Konzepts der Geisteswissenschaften Beethoven ›aus seiner Zeit‹ heraus zu verstehen, und dies in kritischer Auseinandersetzung mit der Geschichte der verbalen Rezeption, die man als eine Ansammlung von Irrtümern abzutragen versuchte (wie Geröll), um im Glauben an die Macht des Originals dieses herauszuarbeiten. Die Tendenz dieser Arbeit war die Beseitigung jenes damals sich artikulierenden Unbehagens in der Weise, daß man es auf Mißverständnisse zurückzuführen versuchte; man distanzierte sich von der Rezeption, um sich mit *Beethoven, wie er war* weiterhin bedingungslos identifizieren zu können.

Analysiert man jene Reinigungsprozesse, jene Versuche des Wegrückens des Phänomens ins Licht der historischen Eigentlichkeit (um es desto voller zu besitzen), so zeigt sich gerade im Falle Beethoven, daß die zeitbedingten, »romantisierenden« Auswüchse und Übertreibungen, Verzeichnungen und Verfärbungen des Bildes als solche zwar erkannt werden konnten und doch bei diesem Erkennungsprozeß eine gewisse Grundschicht der verbalen Rezeption unberührt blieb, ja im Reinigungsvorgang selbst noch kultiviert wurde: jene Grundschicht, jene Konstanten in der Geschichte des Beethoven-Verständnisses, die mit Deutungsbegriffen wie *Erleben, Leiden, Überwinden* usw. (»Drang«—»Sturm«—»Ruhe« etc.) zu umschreiben sind. Mit anderen Worten: Wie in den verbalen Reflexionen über Beethoven, die von den Reinigungsprozessen attackiert wurden, zeigt sich in diesen selbst ein Ein und dasselbe, eine konstante Sprache des Begreifens, die für jene Auswüchse und Verzerrungen von Anfang bis heute den Nährboden bildet. Nicht bloß angesichts von Übertreibungen, sondern wesentlich in bezug auf diesen Nährboden, diese konstante Grundschicht der verbalen Rezeption, waren (z.B. bei Busoni und in jener Rundfrage von

---

heute: die zahlreichen Werke zweiten Helligkeitsgrades von ihm ... endlich wahrhaft populär zu machen ..., und statt dessen seine alleroberste Herrlichkeit für gewöhnlich ›aus dem Verkehr zu ziehen‹« (a.a.O.).

1927) das Unbehagen und die Kritik am Phänomen selbst zur Sprache gebracht worden.

Grundlegend in bezug auf die Prüfung der Beethoven-Rezeption ist das Buch von Arnold Schmitz über *Das romantische Beethovenbild* (Berlin und Bonn 1927), Darstellung und Kritik jenes frühesten, namentlich durch E. Th. A. Hoffmann und Schumann (neben Amadeus Wendt, Spohr, Weber, Mendelssohn und Bettina von Arnim) gezeichneten Bildes und seiner Auswirkungen, in dessen Mittelpunkt die Charakterisierung Beethovens als »genialisches Naturkind«, als »Revolutionär«, als »Zauberer« und als »Priester« steht, worin nach Schmitz eine Auffassung zutage tritt, die — als »romantisch« präformiert — »den wirklichen Beethoven und seine geschichtliche Größe verfehlt hat« (S. VII).

Die Reinigung von der Rezeption basiert jedoch auch in dem Buch von Schmitz, dessen wissenschaftlicher Rang und Wert durch die folgenden Feststellungen unberührt bleiben, undiskutiert auf der gleichen Grundvoraussetzung wie die Rezeption, in deren Geschichte es sich einreiht — auf der Überzeugung von der Unvergänglichkeit, Zeitlosigkeit, uneingeschränkten Gegenwartsgeltung Beethovens, der »Gewalt und Größe« seiner »heroischen Musik« (S. 179). Und wie das »romantische Beethovenbild« ist auch die Distanzierung von ihm nicht nur selbst durchschaubar motiviert, sondern auch in ihrer Motivierung und Tendenz geschichtlich vermittelt: In diesem Falle gehören zu den Motivationen der Reinigung — so unausgesprochen wie offenkundig — der antiromantische Affekt der zwanziger Jahre[9], der Glaube an die Macht des Originals

---

9 — der es sich als solcher hier mit dem Romantischen zu leicht macht, so z. B. wenn die Begriffe »Geisterreich« und »Zauberer« auf die Ebene der Märchenwelt herabgesetzt werden (S. 112f.) oder wenn die »Besonnenheit«, die vor allem E. Th. A. Hoffmann Beethoven zuschreibt und an dessen Kompositionen konkret aufzeigt, in dem Sinne verkleinert wird, »daß damit meist die irrationale Besonnenheit eines Zauberers gemeint ist« (S. 109). — Überhaupt scheint Schmitz den Begriff des »Romantischen« bei E. Th. A. Hoffmann und Wendt im Sinne der späteren Stilbezeichnung überschätzt zu haben; eher ist hier an Hegels Bestimmung der Musik als Typus der romantischen Kunstform zu denken. — In

(»der echte Beethoven«, S. 179) und der Versuch, Beethoven einer noch christlich erfahrenen Welt zuzuordnen.[10]

Vor allem jedoch zeigt sich auch hier — und dies ist das Entscheidende (methodisch wird es uns allein hierauf ankommen) — in den divergierenden Positionen (»Romantik« dort — neuere Musikwissenschaft hier) gleichwohl ein Identisches, jener wesentliche Rest, den die Reinigungsrezeption gemeinsam hat mit den Vor- (oder Ver-)stellungen, auf die sie sich bezieht, jenes Durchgängige der Rezeptionsgeschichte, an dem auch die Distanzierung von ihr selbst teilhat. Hierfür Beispiele: Schmitz kritisiert an der »romantischen« Interpretation Beethovenscher Musik (Kap. VIII) vor allem deren Beurteilung als »rastlose Unruhe« (S. 105, auch S. 177), mit den Worten E. Th. A. Hoffmanns: die »nicht zu stillende Unruhe, das fortdauernde, immer steigende Drängen und Treiben«. Indem er diese Auffassung durch den Hinweis auf Beethovens konstruktive Planmäßigkeit, Rationalität, Ökonomie, Folgerichtigkeit der Kompositionsmethode einzuschränken sucht (— wobei ein analytisches Vermögen am Werke ist, das noch gänzlich außerhalb des Gesichtsfeldes selbst eines Hoffmann stand —), benutzt er (S. 106—108) Beschreibungswörter des gleichen Begriffsfeldes der »rastlosen Unruhe«: »rastloses Drängen und Treiben«, »rastloser Vorwärtsdrang«, »stürmische Bewegung« (3 mal), »Vorwärtsstürmen«, »erhitzte Steigerung«, »unerschöpfliche Bewegungsenergien«. Und während er Hoffmanns vegetative Vergleiche und Bilder zurückweist, z. B. »zuckende Blitze« (da »es sich doch gerade um konstruktive Vorgänge handelt«, S. 110f.), gebraucht er sie

---

Schumanns Schriften kommt übrigens das Wort romantisch in direktem Bezug auf Beethoven nicht vor. Überhaupt würde eine eingehendere Darstellung der diffizilen und vielfältigen Rolle, die Beethoven gerade in Schumanns Schriften spielt, die Befangenheit des Buches von Schmitz (vgl. dort z. B. S. 9f.) deutlich werden lassen.

10 »... die tektonische Gewalt und Größe Beethovenscher Musik [ist] metaphysisch begründet in der Anerkennung der christlichen Weltordnung, die das Ästhetische dem Religiösen und Ethischen unterordnet« (S. 179), und Beethoven sei »nicht dafür verantwortlich zu machen, daß spätere Generationen seine Musik als Ersatz für einen kirchlichen Gottesdienst erlebten« (S. 76).

selbst: »Häufiger hat man das Gefühl einer beklemmenden Stille wie vor einem neuen Sturm, ehe die Reprisenvorbereitung einsetzt und die Kräfte des Wiederaufbaus sich regen« (S. 107). Dieser Satz unterscheidet sich überdies nur graduell, nicht prinzipiell von dem als »romantisch« deklarierten Empfindungseindruck C. M. v. Webers bei Modulationen Beethovens: als ob man »unerwartet mit kühner Riesenfaust gepackt und blitzschnell über einen Abgrund schwebend« gehalten würde (S. 105).

Das Ein und dasselbe, das Konstante in der »romantischen« Beethoven-Auffassung und in ihrer Korrektur durch Schmitz ist — wenn wir nur bei jenen herausgegriffenen Beispielen bleiben —, daß hier wie dort Beethovens Musik als Ausdrucks-, Assoziations- und Erlebenskunst rezipiert wird und sich die Rezeptionssprache hier wie dort innerhalb eines und desselben Deutungsstandards bewegt. Von hier aus gesehen besteht der Unterschied etwa zwischen Hoffmann und Schmitz wesentlich nur in den Intensitätsgraden und Grenzwerten der Eindrucksbeschreibung, wobei zu fragen wäre, ob das ›Echtere‹, die auf Beethoven historisch weit zutreffendere Deutung, nicht vielmehr dort zu suchen ist, wo man — nur erst an Haydn und Mozart orientiert — das Neue Beethovens weit unmittelbarer und ursprünglicher erfahren und beschreiben konnte als dort, wo die Suche nach dem Original durch eine seitens Berlioz, Bruckner, Wagner usw. geschichtlich bereicherte und verwandelte Hörerfahrung irreversibel prädeterminiert ist.

Im übrigen bestätigt sich die Aussichtslosigkeit der Reinigungsprozesse auch wiederum an deren Rezeption. Bezeichnend ist — um hier nur ein Beispiel zu nennen —, wie Joseph Schmidt-Görg in seiner Darstellung Beethovens (in: *Die großen Deutschen*, 2. Aufl., Bd. II, 1956) bisherige Deutungen (»er ist der Dulder und Kämpfer, der Revolutionär, Trostbringer und Menschheitsbeglücker, der Heilige und Erlöser«) als »Übersteigerungen« anprangert und dann selbst seine Monographie gänzlich im Sinne des »Dennoch«, des Überwindens von Widerständen anlegt und dabei die Rezeptionstradition fortsetzt, die er zu durchbrechen sucht: »... doch sah er dem drohenden Verhängnis mutig entgegen ... innere Überwindung ... sich kühn aufraffend ... der unbeugsame Wille ... einsam ... jubelnder Abschluß ... Kampf ... er kündet die menschenbildende Kraft der Freude, die Demut vor den ewigen Ordnungen ... während eines Frühlingsgewitters starb der Meister«.

Im gleichen Jahr jener Rundfrage an die Komponisten und des Erscheinens des bekannten Buches von Arnold Schmitz, im Beethoven-Jahr 1927, versuchten auch die Beethoven-Interpretationen der akademischen Festreden, sich von tradierten Auffassungen zu lösen, in deren Grundzüge sie gleichwohl selbst immer wieder zurückfielen.

In seinem »Bekenntnis« zu Beethoven konstatiert Ludwig Schiedermair den Anbruch einer Zeit »der Umwandlungen eingebürgerter Beethovenauffassung«, der Entfernung »von uferloser Phantastik und von dem Übermaß subjektiver Selbstbeziehung«.[11] Für ihn ist Beethovens Werk ein »Menschheitsdokument, das mit Tönen das Hohelied des ... deutschen Idealismus verkündete und verklärte«. Den Kampf gegen das Schicksal führte Beethoven »nicht für seine eigne Person, sondern für die Ideale der neuen Zeit. Nicht nur in der Fünften Sinfonie, auch in anderen Werken tobt dieser unheimliche furchtbare Kampf und bricht der kühne Trotz durch ... Aber als die Entscheidungen fallen, mündet das Ganze in ein hinreißendes Trionfale«. Beethoven »war kein leidender, sich selbst zerfleischender Dulder, den ein Lebensmartyrium zermürbte und vernichtete, sondern ein sieghafter Überwinder bis zu seinem letzten Atemzug. Er ist für uns heute nach wie vor ein Symbol ...« — In der Tat: »Kaum ein Meister der Musik hat so viel unter der rednerischen Phrase und Paraphrase der Nachlebenden zu leiden gehabt wie er«, stellt Hans Joachim Moser 1927 in seiner Heidelberger Gedenkrede fest[12], die dann in dem Satz kulminiert: »Wenn unser kleiner, im Ursächlichen begrenzter, nagender Schmerz sich unter dem Ethos seiner Klänge auflöst in die große Idee alles Leides der Welt, wenn unsere kleine, nach Ausdruck ringende Freude unter dieses Fortunios Zauberstab Welle wird in einem Ozean

---

11 L. Schiedermair, *Beethoven,* Rede, gehalten bei der Beethoven-Feier der Universität Bonn am 19. Februar 1927, Beethoven-Jahrbuch IV, 1930.

12 *Zu Beethovens hundertstem Todestag,* Gedenkrede bei der Feier der Universität Heidelberg am 1. Juli 1927, Beethoven-Jahrbuch IV, 1930.

von Freude, wo alle Sternkuppeln zu tönen beginnen und jeder ferne Weltäther mitzuschwingen scheint in einem Tanz des Himmels — dann fällt eben Schlacke, Hülle, Schale, und die Idee des Unsterblichen, Lichterlösten, der Freiheit, des Göttlichen in uns entbindet sich, macht uns fromm und gut und gibt uns Vorgeschmack eines Unvorstellbaren, Künftigen, Jenseitigen, Kosmischen.« Und 1927 feierte auch der Beethoven-Forscher Adolf Sandberger[13] den »Licht-Genius«, den »Hort deutscher Kultur«, als »den Komponisten des deutschen sittlichen Idealismus«, einen »Überwinder all der durch körperliche Leiden ..., durch Schicksalsschläge und Seelennot aller Art bewirkten Pein«, den »Meister ..., der unserem künstlerisch-sittlichen Menschen am nächsten steht, mit dem wir fühlen und denken, hoffen und leiden, kämpfen und uns frei machen«. Und im Namen Beethovens, seiner »urgermanisch-heldenhaften« Sonatenform-Ecksätze, seiner Rolle als eines der »Führer« des Volkes »bei der Neugestaltung unserer nationalen Existenz« deklarierte er bei dieser Gelegenheit die »Neue Musik« (namentlich Hindemith, Strawinsky, Křenek, vor allem Schönberg) als »Wahnsinn« und »Entartung«.

In diesen Reden aus der Zeit vor vierzig Jahren, einem Höhepunkt der Geltung Beethovens, sind zwar die »romantisierenden« Übersteigerungen (Revolutionär, Zauberer, Priester usw.) vermieden, gleichwohl ist auch in ihnen, unbeabsichtigt, der Nährboden des Unbehagens aufgedeckt und die Reihe der zentralen Rezeptionskonstanten fast vollständig versammelt (die in den Übersteigerungen nur ihre Schatten warfen): *Erlebensmusik* (»tobt ... bricht durch ... mündet«), *Leidensnotwendigkeit* (»Idee alles Leides der Welt«), *Überwinden* (»Schicksal« — »Kampf« — »Trionfale«), *Säkularisation* (»Bekenntnis«, »verkünden«, »Hohelied«), *Utopie* (»hoffen«, »Kampf ... für die Ideale der neuen Zeit«, — »Freiheit«), *Transzendierung* (»Tanz des Himmels«, »Idee des Unsterblichen«, »Vorgeschmack ... eines Kosmischen«), *Autorität*

---

13 *Das Erbe Beethovens und unsere Zeit*, Neues Beethoven-Jahrbuch III, 1927.

(»Führer«), *Inbegrifflichkeit* (»Menschheitsdokument«, »Symbol«, »Hort der deutschen Kultur«), *Benutzbarkeit* (Nationalismus, Apologetik).

*

In den zweieinhalb Jahrzehnten nach 1945 änderte sich die Situation gegenüber den 1920er Jahren wesentlich nur insofern, als nun zunächst jede Kritik am Phänomen Beethoven unterblieb[14], während andererseits die Empfindlichkeit gegenüber dem üblichen Deutungsvokabular zunahm.

Im Raume des Widerspruchs zwischen der Unantastbarkeit Beethovens, dem Tabu seiner Größe einerseits[15] und auf der anderen Seite dem Unvermögen, einen neuen Begriff von Beethoven, »ein neues Bild, das den ganzen Beethoven und das ganze Wesen seiner Kunst erfaßt« (wie Schmitz es 1927, S. VIII, erhoffte), auch nur andeutungsweise zu entwerfen, etablierten sich bestimmte Verhaltensweisen: einerseits ein unbekümmertes Fortspinnen der tradierten Rezeptionssprache[16], andererseits der Rückzug auf die (ins

---

14 Hinzuweisen ist auf die distanzierte Interpretation der Gesamterscheinung Beethovens in J. Handschins *Musikgeschichte im Überblick* (Luzern 1948, ²1964), in dem — einsam auf weiter Flur — einige für Beethoven typische Rezeptionsbegriffe als Kritik an seiner Musik zur Sprache gebracht sind und wo es (S. 353) in bezug auf das Buch von A. Schmitz heißt: »In der Tat mag das 19. Jahrhundert einigermaßen übertrieben haben, indem es sich mit Beethoven so weitgehend indentifizierte. Aber ganz sondern lassen sich die Dinge nicht, und es ist wiederum eine Übertreibung, wenn man neuerdings den historischen Beethoven so ganz vom ›romantischen Beethovenbild‹ hat trennen wollen.« — Über das Buch von E. und R. Sterba (1954) vgl. S. 28f..

15 »Wir können heute Beethoven nicht spielen, weil wir seiner Größe menschlich nicht gewachsen sind«, Edith Picht-Axenfeld, *Beethoven-Interpretation*, Das Musikleben V, 1952, S. 67. — Dies und die folgenden Zitate sind aus einer ausgedehnten Materialsammlung willkürlich ausgewählt; ihnen ist aus der Zeit nach 1945 eine andere Sprache zunächst nicht entgegenzusetzen.

16 »Er litt und mühte sich wie wir; er kämpfte, in einem schuldlos auferlegten Schicksal ... und konnte doch zur höchsten Sendung sich erheben« (R. Benz, *Beethovens geistige Weltbotschaft*, Rede, gehalten zur Frankfurter Beethoven-

Uferlose anwachsende) Detailforschung, die die Gegenwartsgeltung Beethovens ebenso bedingungslos voraussetzt, wie dies seitens der rein technologischen Werkanalyse geschieht, während die kritische Distanzierung von den Rezeptions-Topoi in ihren Argumentationen teils fadenscheinig wurde, teils selbst zu modischen Formeln erstarrte.[17] Unaufgelöst blieben die Widersprüche zwischen der Propagierung Beethovens »ohne Weltanschauung« und dem Unbehagen auch daran (s. oben S. 17), den Reinigungsaktionen und den Rückfällen (oben S. 23), der gerade bei Beethoven nach wie vor behaupteten ›Einheit von Leben und Schaffen‹ (mitsamt dem Interesse am biographischen Detail) und dem Versuch, das Musikalische aus sich zu verstehen, zu schweigen von den Querständen zwischen den Intentionen Beethovenscher Musik und den Proklamationen der Avantgarde.

Dies ist (klammert man die Aspekte Adornos und seiner Nachfolger zunächst aus) im Jahre 1970 nicht wesentlich anders geworden. Trotz gesteigerter musikwissenschaftlicher Produktion, unvermindertem Angebot Beethovenscher Musik und fortdauernden Kongressen und Festreden ist dieses Beethoven-Jahr — auf der Ebene der verbalen Reflexion (über die wir hier sprechen) — gekennzeichnet durch Hilflosigkeit. Es scheint, als triumphiere Beethovens Musik über die Ohnmacht des Verbalen. Aber diese Ohnmacht erscheint nicht als eine des Schweigens und Abwartens

---

feier, 9. Dezember 1945, Heidelberg 1946, S. 42f.) — »Beethovens Musik will packen, ergreifen, erschüttern ... Gemeinschaft werden zu können, sich zu entpersönlichen, der Last und der ethischen Forderung, die das Individuumsein bedeutet, für Augenblicke ästhetisch entfliehen zu können, ›aufgehoben‹ zu sein, ist ein nicht unwesentlicher (Selbst-)Genuß, den der Hörer von Beethoven empfängt.« Mozarts Musik dagegen »steht jenseits des Willens ... Sie läßt den Hörer in Harmonie zurück«. Doch soll damit »nicht die Größe Beethovens angetastet werden« (K. Westphal, *Die Dualität Mozart — Beethoven*, Das Musikleben V, 1952, S. 132ff.). — »Seit Beethoven ist sich jeder wahrhafte Künstler, sei er nun wiedergebend oder schaffend, des Priesterlichen seiner Sendung bewußt« (W. Hess, *Beethoven*, Wiesbaden 1957, S. 279).

[17] Beethovens »Kampf gegen vermeintliche Schicksals-Tücken ist heroisiert worden, als hätte es zu seiner Zeit nicht soziale Not von hundertfacher Größe gegeben« (H. H. Stuckenschmidt, in: Das Musikleben V, 1952, S. 151).

und auch nicht mehr im Zeichen des »Wehe uns!« (wie häufig in den zwanziger Jahren).[18] Sondern sie ist zu verstehen als das Indiz des Widerspruchs zwischen einerseits der fortbestehenden faktischen Geltung Beethovens im Kulturbewußtsein, das sich mit ihm als einem Inbegriff identifiziert, in jener Art der Identifikation, die die begriffslose Musik nahelegt, und andererseits dem gesteigerten Bemühen, das Phänomen Beethoven, wo immer man aus der Detailforschung und technologischen Analyse zu ihm vorzudringen versucht, vom Ballast der Rezeptionstradition zu reinigen und zu befreien und, ohne Verkleinerung und Verfälschung, aus den Rezeptionsbegriffen auszubrechen, deren Wirklichkeitsbezug und Wahrheitswert dem 20. Jahrhundert sich in Frage zu stellen begannen und die doch — in ihrer homogenen Grundschicht — Beethovens Geltung bis heute begründen.

Zu einem Informationswert für die Massenmedien der Bundesrepublik Deutschland wurde 1970 das psychoanalytische Buch von Editha und Richard Sterba erhoben: *Ludwig van Beethoven und sein Neffe, Tragödie eines Genies* (München 1964).[19] Um den »Abschied vom Mythos«[20] perfekt zu machen, wird Beethoven beschrieben als der »Geizkragen«, der »Kleinlichkeitskrämer und Menschenschinder«, der Homosexuelle und Besitzesgierige, der den Neffen zum Selbstmord treibt. (— »Gelegentlich soll er in der Nähe ›käuflicher Frauen‹ gesehen worden sein«.) Doch mit der Rezeptionstradition gemeinsam hat dieser ›Abschied vom Mythos‹ das Interesse an der Biographie. Die Wahrheit über die Person soll dem »bürgerlichen Beethoven-Kult« entgegenwirken. Eher jedoch scheint es, als sei

---

18 Beethovens »sittliche Selbsterziehung ... hat ihn gewiß zu einem Kämpfer großen Stils gemacht, und wenn wir diese Seite von ihm nicht mehr ertragen, um so schlimmer für uns« (H. Abert, *Beethoven* [s. Anm. 8], S. 387). — »Beethovens Kunst bedeutet eine große Gewissenserforschung für die Menschheit. Wehe der Zeit, die ihn flieht, die ihn zu verkleinern sucht, die diesen unerbittlichen, grandiosen Weckruf nicht erträgt! Wehe der Zeit, der seine Größe und letzte Intensität unbequem und lästig ist! Sie spricht sich damit selbst ihr Urteil« (D. von Hildebrand, *Der Geist L. van Beethovens*, in: 23 — Eine Wiener Musikzeitschrift, Nr. 22/23, 10. Oktober 1935, Reprint Wien 1971).
19 Zuerst englisch als *Beethoven and his Nephew. A Psychoanalytic Study of their Relationship*, New York 1954.
20 *Beethoven, Abschied vom Mythos*, in: Der Spiegel, Das deutsche Nachrichten-Magazin, XXIV. Jg. 1970, Nr. 37.

Beethoven aus dem kultischen Anlaß der Feier seines 200. Geburtsjahres in die merkantilen Mechanismen jener Sensationspresse geraten, die die Intimsphäre des Komponisten zur Ware machen, wie die Schlafzimmergeschichten einer englischen Prinzessin, um dann am Schluß die gestörte Identifizierung mit Beethoven nur um so stärker wiederherzustellen, den Entblätterten nur um so bürgerlicher als den »Sieghaften« bewußt zu machen, zunächst durch Einblendung eines Zitats aus W. Riezlers *Beethoven* von 1936 (^{2}1951): »Sein Schaffen kam aus Tiefen, in die Gesundheit oder Krankheit, häusliches Glück oder Ungemach nicht hinabreichen«, und dann mit psychoanalytischen Worten der Sterbas (vgl. dort S. 309): Beethoven hat »seine persönlichen Konflikte aus dem ›autonomen Ich-Gebiet der künstlerischen Sublimierung mit Hilfe der schöpferischen Begabung integriert, zur Harmonie gebracht und zum Kunstwerk gestaltet‹«.

Den Versuch, den Sterbaschen Befund der »tiefenpsychologischen Untersuchung der Persönlichkeit Beethovens« in dessen Musik aufzuweisen, d. h. zu zeigen, daß »dieselben seelischen Triebkräfte, die den Menschen Beethoven scheitern ließen, den Komponisten zu künstlerischen Höchstleistungen befähigten«, unternahm Jacques Wildberger an Hand von Beethovens späten Streichquartetten.[21] Der »im sprunghaften Wechsel zwischen verzeihender Umarmung und vernichtendem Urteilsspruch« sich äußernden »konfliktgeladenen Beziehung zum Neffen« entspricht kompositorisch die »Konfliktsituation«: »unversöhnliche Gegensätze« prallen aufeinander; »weit auseinanderliegende Ausdrucksbereiche« werden übergangslos miteinander konfrontiert«. Und die »totale Fixierung auf einen zentralen Bezugspunkt« beim Verhalten Beethovens im Prozeß um den Neffen spiegelt sich kompositorisch als »auf mehreren Ebenen ein immer wiederkehrendes Element des beinahe zwanghaft Insistierenden, das an den einmal gewählten Bezugspunkt fixiert ist«. Was sich im Prinzip solcher Interpretation fortsetzt, ist das Interesse an der im Biographischen faßbaren Person Beethovens als Motivation seiner Art der Tonsetzungen, die Auffassung seiner Musik im Begriffsfeld *Erlebensmusik*. Wie einst die Taubheits- und sonstige Schicksalsüberwindung, so gilt es nun, den psychoanalytischen Befund der Sterbas in Beethovens Musik nachzuweisen.

Dieser Nachweis steht in der vom S. Fischer-Verlag veranstalteten Broschüre *Beethoven '70*, die es sich zur Aufgabe machte, Beethoven aus der »kulturellen Maschinerie« zu befreien und im »Jahr der Beethoven-Orgien etwas Nüchtern-Heilsames über seine Musik« zu schreiben. Die Rezeptionstradition, heißt es hier, hat Beethoven »zum Kulturgut neutralisiert« vor allem durch jene falsche Interpretation (Reproduktion) seiner Werke, die z. B. durch Verfehlung (Verlangsamung) der authentischen Tempi und »die schematische Betonung des sogenannten ›guten‹ Taktteils« »die Musik ihres kritischen Stachels beraubt«, — »im Interesse des Fort-

---

[21] J. Wildberger, *Versuch über Beethovens späte Streichquartette*, in: *Beethoven '70*, Frankfurt a. M. 1970.

bestehens der herrschenden Verhältnisse«[22], oder die, indem sie z. B. Beethovens Violinkonzert zum Virtuosen- und Charakterstück verfälschte, den Sinn dieser Musik verschleierte, um »den alles verklärenden Kulturbetrieb in Gang« zu halten.[23]

Doch über die Zielsetzung der Analyse von Kompositionen Beethovens bleiben schon innerhalb der Broschüre *Beethoven '70* die tradierten Widersprüche bestehen: Während Wildberger davon ausgeht, »daß die Grundlagen der Tonalität und die daraus sich ergebenden syntaktischen und formalen Prinzipien einen benennbaren Bedeutungsinhalt aufzuweisen haben« (und eben von daher Beethovens Charaktereigenschaften in dessen Musik aufzufinden seien), beschreibt Dieter Schnebel (aus von Webern-Analysen her gewonnenen Blickrichtungen[24]) Beethovens Musik betont ›innermusikalisch‹: Sein Kompositionsverfahren (in op. 10/3, Exposition des 1. Satzes) sei so, »daß er das Material [einen »Materialkern«] in verschiedenen Graden ausformt und die Verläufe wiederum in verschiedenen Weisen bestimmt; es gibt geschlossene und offene, gerichtete und ungerichtete Zusammenhänge ...«.[25]

Gleichzeitig veranschaulicht Erwin Ratz in der Festschrift des Internationalen Beethovenfestes Bonn 1970[26] in nicht weniger subtilen Kompositionsanalysen »die Einmaligkeit und Größe der Gedanken Beethovens« mit dem Beschreibungsvokabular der *Erlebensmusik*. In der Reprise des ersten Satzes von op. 57 löst die

---

22 H.-K. Metzger, *Zur Beethoven-Interpretation*, ebenda. »Ich muß darauf insistieren, daß die affirmativen Züge, die an Beethovens Musik haften, namentlich auch das sattsam bekannte sogenannte ›Erhebende‹, weithin ganz schlicht durch falsche Tempi hervorgerufen werden« (S. 12). »Korrekte Interpretationen von Musik wirken stets als Negation der herrschenden Kultur ...« (S. 9).
23 H. Pauli, *Un certain sourire*, ebenda. »Eine adäquate Interpretation beispielsweise von Beethovens Violinkonzert käme einer Kampfansage an die kapitalistische Klassengesellschaft gleich« (S. 30).
24 — es sind »quasi-Webern'sche Kanon-Beziehungen in den Zusammenhang hineingeheimnist« (S. 48).
25 D. Schnebel, *Das angegriffene Material. Zur Gestaltung bei Beethoven*, ebenda. Es ist »Beethovens Kompositionsmethode, eng umschriebene, vergleichsweise uncharakteristische Materialien in verschiedenem Maße auszuführen und durchzuarbeiten ... In solcher kompositorischen Tätigkeit drückt sich die Aktivität des Citoyen aus ...; die tätige und angreifende Formung des musikalischen Stoffs, welche jeweils Einheit zur Mannigfaltigkeit entwickelt, ist die ästhetische Transformation der bürgerlichen Bewegung.«
26 E. Ratz, *Beethovens Größe, dargestellt an Beispielen aus seinen Klaviersonaten*, in: *Beethoven im Mittelpunkt, Beiträge und Anmerkungen, Festschrift zum Internationalen Beethovenfest Bonn 1970*, hg. im Auftrage der Stadt Bonn von G. Schroers.

Zuspitzung der Polarität von Dur und Moll im Hörer ein »aufwühlendes Hin- und Hergerissensein« aus; er glaubt (Takt 152ff.), »der Kampf sei nunmehr im positiven Sinne entschieden ...«; der unerwartete F-Dur-Eintritt des Seitenthemas »läßt uns wieder Hoffnung schöpfen ...«. — In op. 106 hat Beethoven »alle Höhen und Tiefen des menschlichen Lebens zur Darstellung gebracht«; in der Reprise des ersten Satzes »bricht die Katastrophe herein ...«, doch erst in der Coda »wird der vollkommene Zusammenbruch in dramatischer Weise fühlbar ...«; der zweite Satz »schildert diese Katastrophe nunmehr von einem andern Aspekt ...«; auch im Adagio »finden wir keinen Ausweg, trotz aller lichten Momente ...«; »... eine Atmosphäre der Ruhe und Abgeklärtheit ... ist nur vorübergehend«, und die Coda »versinkt wiederum in tiefste Verzweiflung«. Nach all dem erfüllt dann die Introduktion der Fuge die Funktion, »eine in tiefste Verzweiflung gestürzte Individualität emporzuheben, und ihr die Kraft zu verleihen, auf einer höheren Ebene die Lösung der dem Menschen gestellten Aufgaben neu in Angriff zu nehmen ...«

Wie hier, in der Beschreibung von »Beethovens Größe«, kompositionsanalytisch die Deutungssprache des *Leidens, Kämpfens* und *Überwindens* sich fortsetzt, so bleiben im Beethoven-Jahr 1970, trotz allen Drängens auf Ernüchterung und Entmythologisierung, auch die anderen Grundtöne der bisherigen Rezeptionssprache weithin vernehmbar.

Indem (zum Beispiel) Hans Heinz Stuckenschmidt[27] Beethoven »von den Etiketten des ringenden Genius, des Individuums im Kampf gegen die Mehrheit, des revolutionären Musikdenkers« befreien will, nimmt er diese Befreiung doch selbst Schritt für Schritt wieder zurück: Beethoven glaubte an »eine friedliche Revolution«; die Überzeugung, »Sprachrohr einer höheren Welt zu sein«, machte ihm »Einsamkeit zum Ansporn«. »Das Individuum und die völlig autonome Persönlichkeit, als die wir Beethoven bestaunen und verehren, war in ihrer Isolation dennoch ein Stück Weltgeist ...«[28]. — »Und gerade in einem Zeitalter, das aus allen Fugen zu gehen scheint, klammert sich die Menschheit ganz deutlich an jenen Heros ...« (Karl Böhm)[29], der »durch den Lebenskampf zu einer einsamen Größe« wuchs (Donald Grobe) — »Revolutionär im wahrsten Sinn« (Eugen Jochum), von dem die Seele des Klaviers »erlöst wurde, so daß sie von nun ab von unaussprechlicher Freude, aber auch von unsagbarem Leid der Erdenkinder künden durfte« (Wilhelm Kempff); »... hohes Symbol dafür, was ›der Mensch‹ sein kann« (Hans Richter-Haaser); »... Nähern wir uns mit jener kindhaften Gläubigkeit den unwandelbaren Werken unserer begnadeten Brüder und Wegbereiter, die wir besitzen müssen, um den tröstlichen Blick in das Diesseitige zu tun« (Wolfgang Schneiderhan).

---

27 *Beethoven — Höhepunkt und Fortschritt,* ebenda.
28 S. 32 wiederholt Stuckenschmidt den in Anm. 17 angeführten Passus.
29 Dies und die folgenden Zitate sind der in Anm. 26 genannten Schrift entnommen.

Während Mauricio Kagel, um »den Ballast dieses Images abzuwerfen«, den Vorschlag der 1920er Jahre wiederholte (vgl. oben Anm. 8): Beethoven eine Zeitlang nicht mehr aufzuführen, »damit die Gehörnerven, die auf seine Musik reagieren, sich erholen können«[30], sendete der Westdeutsche Rundfunk im Beethoven-Jahr über 70 Beethoven-Produktionen und erschien in der Deutschen Grammophon-Gesellschaft erstmals eine Beethoven-Gesamtedition auf 75 Langspielplatten.

Die Österreichische Akademie der Wissenschaften veröffentlichte ihre *Beethoven-Studien* als »Huldigung an Beethoven«.[31] Im Bonner Geburtshaus Beethovens wird »das Heroische seines Lebens aus Umständen und menschlichen Bedingtheiten deutlich«.[32] Die DDR feierte Beethoven »als einen Titanen der Weltkultur, der uns heute mehr denn je zu geben vermag«.[33]

Je mehr man von Beethoven als Menschen erfährt, »desto näher rückt er uns. Und seine Musik erscheint um so unbegrenzter und rätselhafter«.[34] Mit anderen Worten: »Beethoven hätte eine klägliche, gescheiterte Existenz geführt, wenn er nicht all seine unerfüllten Sehnsüchte und Leidenschaften in 495 Kompositionen formuliert und erhöht haben würde.«[35] — In der Tat, »so viele Leute inzwischen auszogen, das anbetende Fürchten vor Beethoven zu verlernen: man kann nicht sagen, daß sie mit ihrem Bemühen, den Helden zu ›entmystifizieren‹, viel Erfolg gehabt hätten«.[36]

Darin gleicht die Situation heute derjenigen der 1920er Jahre. Die Distanzierung will nicht gelingen. Indem sie die bisherige Geschichte der Beethoven-Rezeption als Irrtum ansieht, von dem sie das Rezeptionsobjekt reinigen will, scheint sie zu scheitern an diesem selbst. Einerseits erscheint die Distanzierung bloß als die Kehrseite der Emphase, Fortsetzung der Rezeptionstradition als deren Negation, andererseits quillt auch aus der Distanzierungssprache ausnahmslos jene konstante Begrifflichkeit der Rezeptionsgeschichte

---

30 Interview in: Der Spiegel XXIV, 1970, S. 196.
31 *Beethoven-Studien, Festgabe der Österreichischen Akademie der Wissenschaften zum 200. Geburtstag von Ludwig van Beethoven*, Wien 1970.
32 *Bonn, Beethoven-Stadt*, hg. vom Werbe- und Verkehrsamt der Stadt Bonn, 1970.
33 Rede des Vorsitzenden des Ministerrates Willi Stoph auf der konstituierenden Sitzung des Komitees für die Beethovenehrung der DDR 1970, in: Neues Deutschland, 28. 3. 1970.
34 Kagel, s. Anm. 30.
35 *Jasmin, Zeitschrift für das Leben zu zweit*, 16. Februar 1970.
36 *Zeitmagazin* der Wochenzeitung *Die Zeit*, 11. Dezember 1970.

hervor, die anderwärts, wo nicht eingeschüchtert und verschwiegen, nach wie vor emphatisch ausbricht. Wo aber der Befreiungsprozeß als Befreiung von der Rezeptionstradition sich radikal macht, fehlen die Vokabeln für Beethoven und beginnt jene Ohnmacht des Verbalen, die das Beethoven-Jahr 1970 zutiefst gekennzeichnet hat.

Aus dieser Situation ergibt sich der sachlich und methodisch neue Ansatzpunkt des vorliegenden Versuchs. Statt mit dem Material der verbalen Beethoven-Rezeption so zu verfahren, daß man — auf der Suche nach dem Original — sich von jenem Material distanziert, statt es als eine Ansammlung von Mißverständnissen abtragen, als Irrtümer widerlegen zu wollen, soll — umgekehrt — mit diesem uferlosen Material so verfahren werden, daß es — im Prozeß der Bloßlegung seiner homogenen Grundschicht — als die Entfaltung und Bestätigung des historischen Phänomens selbst angesehen wird. Die verbale Rezeption bringt die begriffslose Musik zum Begriff. Indem sie den Ausgangspunkt zur Geschichte seiner begrifflich artikulierten Wirkungen entfaltet, beleuchtet sie ihn zugleich. Die Distanzierung gegenüber der Rezeptionsgeschichte wäre somit Distanzierung zugleich gegenüber dem Rezeptionsobjekt. Die Forderung Busonis, das Bewußtsein ›von Beethoven freizumachen und zu reinigen‹ (s. oben S. 14f.), wäre wiederholt. Das »Unbehagen«, die Kritik an der Rezeptionstradition würde den Ausgangspunkt selbst betreffen, in seinem Verhältnis zu uns, die Identifikation mit ihm in Frage stellen oder unmöglich machen und jenen Raum eröffnen, jene Distanz gegenüber dem historischen Phänomen bewußt machen, in der Kritik an diesem selbst sich einwohnen und artikulieren kann — und zur Widerlegung aufruft.

II

Exposition: Leidensnotwendigkeit

Methodisch legt dieses Verfahren ein Vorgehen nahe, das hier sogleich an Hand der skizzenhaften Durchführung eines Beispiels veranschaulicht sei.

Es ist notwendig, aus den nach Zeit, Nationalität, Anlaß, Schriftgattung und Individualität des Autors verschiedenen Interpretationen Beethovens das ihnen Gemeinsame ausfindig zu machen, die Begriffsfelder der verbalen Reflexion, die Rezeptionskonstanten und Topoi.[37]

Eine solche Konstante in der Rezeptionsgeschichte Beethovens ist die der *Leidensnotwendigkeit*, das Erfordernis des Leidens zur Hervorbringung von Kunst: die Notwendigkeit des Leidens des Menschen Beethoven (bzw. der sich in Beethoven exponierenden Menschheit), damit Beethovens Kunst als »Erlebens«-, als »Leidens- und Freudens«-, als »Überwindungs«-Musik entstehen konnte.

Am 11. März 1841 schrieb aus Bremen Friedrich Engels an seine Schwester Marie: »Das ist gestern abend eine Symphonie gewesen! So was hast Du in Deinem Leben noch nicht gehört, wenn Du dieses Prachtstück noch nicht kennst. Diese verzweiflungsvolle Zerrissenheit im ersten Satze, diese elegische Wehmut, diese weiche Liebesklage im Adagio und dieser gewaltige, jugendliche Posaunenjubel der Freiheit im dritten und vierten Satze!«[38] Offensichtlich spontan durch Beethovens Musik (die Fünfte Sinfonie) initiiert, bei

---

37 Topos hier im Sinne des verfestigten, selbst nicht mehr reflektierten, zum Klischee erstarrten Rezeptionsbegriffs.
38 K. Marx / Fr. Engels, *Über Kunst und Literatur*, 2 Bde., Berlin, Lizenzausgabe Frankfurt a. M. / Wien 1968, Bd. II, S. 485.

ihrem erstmaligen Hören unmittelbar ausgelöst ist hier ein für die Beethoven-Rezeption von Anfang bis heute typischer Komplex zusammengehöriger, sich gegenseitig bedingender Begriffe: *Leiden* (»verzweiflungsvolle Zerrissenheit«), *Überwinden* (»gewaltiger Posaunenjubel«), *Utopie* (»Freiheit«), dies alles auf der Basis des Rezeptionsbegriffs der *Erlebensmusik*, hier im Sinne des existenziell affizierenden Progresses von der »Verzweiflung« zum »Jubel«, wofür die Verzweiflung, die Artikulation von Leiden, die notwendige Voraussetzung ist.

Verbunden mit diesem Komplex von Rezeptionsbegriffen ist die Koppelung der musikalischen Aussage mit dem Leben Beethovens als deren konkreter Ursache, die Rezeptionskonstante des *Biographischen Gehalts der Musik*, wie sie besonders eindrucksvoll z. B. August Wilhelm Ambros verdeutlichte: »... so stellt sich vollends bei Beethoven, der in seiner Musik stürmt und grollt, weint und lacht, jubelt und verzweifelt ..., die Sache so, daß wir uns mit der Frage an ihn wenden möchten, w a s ihn denn so bewegt habe. Das Gemälde des mächtigen Seelenlebens einer titanischen Natur ist vor uns aufgerollt — wir interessieren uns nicht mehr für die T o n d i c h t u n g allein — wir interessieren uns auch für den T o n d i c h t e r. Wir stehen demzufolge bei Beethoven fast schon auf demselben Standpunkte, wie bei Göthe — wir betrachten seine Werke als den Commentar zu seinem Leben ... ihr Leben als Commentar zu ihren Werken ...«[39]

In Karl Storcks Formulierung (sie steht als Motto über der von Wilhelmine Kraus besorgten Neuausgabe seiner Edition von Beethovens Briefen) erscheint die Rezeptionskonstante *Leidensnotwendigkeit*, hier als Topos, wie folgt: »Es war sein Schicksal, leiden

---

39 A. W. Ambros, *Das ethische und religiöse Moment in Beethoven*, in: Culturhistorische Bilder aus dem Musikleben der Gegenwart, Leipzig 1865, S. 9.

zu müssen, damit er der Menschheit die Verklärung des Leides, die Überwindung der Schmerzen, das Hinaufarbeiten zur Freude verkünden konnte.« Dem Rezeptionsforscher ist sofort klar, daß mit der *Leidensnotwendigkeit* (»... leiden zu müssen, damit ...«) auch hier ein ganzer Komplex von Konstanten der Beethoven-Rezeption, in diesem Falle zu bloßen Topoi herabgesetzt, verbunden ist, ja daß der ganze Satz nur aus Topoi besteht: *Biographischer Gehalt der Musik* (»Es war sein Schicksal ...«); *Leidensverklärung*; *Wille* (»Hinaufarbeiten zur Freude«); (Schicksals-, Leidens-, Schmerzens-) *Überwindung*; *Verkündigung*; *Stellvertretung* (im Leiden und Überwinden) *für die Menschheit*. Ebenso klar ist dem Rezeptionsforscher die Affinität dieser Rezeptionsbegriffe zur klassizistischen Humanitätslehre und zur säkularisierten christologischen Begriffssprache.

Im Augenblick jedoch interessiert, daß — damit jenes alles vollbracht werden kann — Leiden erforderlich ist: der Rezeptionsbegriff der *Leidensnotwendigkeit*, der als Konstante der Beethoven-Rezeption in den verschiedenen Zeiten und unterschiedlichen Gattungen des Schrifttums wie folgt erscheint (hier nur in einer kleinen Auswahl):

Robert Schumann (zitiert nach: *Gesammelte Schriften über Musik und Musiker von R. Schumann*, 5. Aufl., hg. von M. Kreisig, 2 Bde., Leipzig 1914):
»... und alle deine hohen Lieder des Schmerzes und der Freude ...! ... ich trete in sein Zimmer: er richtet sich auf, ein Löwe, die Krone auf dem Haupt, einen Splitter in der Tatze. Er spricht von seinen Leiden. In derselben Minute wandeln tausend Entzückte unter den Tempelsäulen seiner C-moll-Sinfonie« (1836 [Florestan], I, S. 131).

Adolf Bernhard Marx, *Ludwig van Beethoven, Leben und Schaffen*, Berlin 1859 (zitiert nach der Ausgabe Leipzig 1902, Bd. I, S. 1):
»Damit seine Sendung sich vollziehe, mußte noch ein unheimlich Geschick in den innern Organismus zerstörend eingreifen, tiefste Stille, Einsamkeit von innen heraus um ihn her auszubreiten.«

Derselbe über den Schlußsatz der Klaviersonate op. 2,1 (I, S. 91):
»Da tritt denn, wenn das Glück versagt, der Mut des Schmerzes und der Zorn einer edlen Seele, im Sturm unwürdigen Leidens, hervor mit dem Recht zum Siege ...

Nun aber [gemeint ist Takt 59ff.] erhebt sich in hohem Adel, mild und rein, aus aller Not und Qual des Lebens die Seele zu ihrem Himmel empor, zu dem Anschaun beglücktern Daseins ...«[40]

Richard Wagner (zitiert nach: *Sämtliche Schriften und Dichtungen,* Volks-Ausgabe in 10 Bänden):
»Diese großen Stimmungen [denen Werke wie die *Sinfonia eroica* ihr Dasein verdanken] können sich als tiefes Seelenleiden, oder als kraftvolle Erhebung, von äußeren Erscheinungen herleiten, denn wir sind Menschen, und unser Schicksal wird durch äußere Verhältnisse regiert ...« (*Ein glücklicher Abend,* 1841; I, S. 147)
»Aus diesem letzteren Grunde der Leiden, mit denen er [der Musiker] den Zustand der Begeisterung, in welchem er uns so unaussprechlich entzückt, zu entgelten hat, dürfte uns der Musiker ... fast mit einem Anspruch an Heilighaltung erscheinen.« Aber von dem »religiösen Heiligen« unterscheidet sich Beethoven [der »Inbegriff des Musikers«] dadurch, daß »er aus dem Paradiese seiner inneren Harmonie immer in die Hölle des furchtbar disharmonischen Daseins« zurückfällt,»welches er wiederum nur als Künstler endlich harmonisch sich aufzulösen weiß« (*Beethoven,* 1870, IX, S. 73, 79, 95f.).

Ludwig Nohl, *Die Beethoven-Feier und die Kunst der Gegenwart,* Wien 1871, S. 11f.:
»Und wir, wir können ... selbst dieses furchtbare Leid (der Ertaubung) nur preisen und segnen. Denn gewiß, ohne solch schwerste aller Prüfungen wäre Beethoven nicht Beethoven ...«

---

40 Es beleuchtet die Rezeptionskonstante der (von uns so genannten) *Erlebensmusik,* wenn Marx anläßlich seiner Analyse jener Klaviersonate grundsätzlich zu solchen »Deutungen« schreibt (S. 91f. und 88, Anm.): Ob der Tondichter derartiges »beabsichtigt« oder sich dessen »klar bewußt gewesen«, das sei »ganz gleichgültig«; es sei sogar »höchst unwahrscheinlich«, und so könne man derartige Deutungen »abweisen«. Marx betont jedoch, daß seine Deutungen,»wenngleich der Nachweis meist unvollständig oder gar nicht gegeben werden kann, nichts weniger als willkürliche Fantasiebilder sein wollen, sondern, nach hingebender und lebenslänglich geübter Auffassung des Gegenstandes durch das Gefühl, die Prüfung des erkennenden höhern Bewußtseins durchgegangen sind«. Vollends unzweifelhaft sei, daß in dieser Sonate »zum ersten Mal eine Folge von Seelenstimmungen in psychologischer Entwicklung als ein innerlich Ganzes zum Vorschein kommt« und daß, wie Beethovens Lebenslauf bezeuge, »die Vorstellung solcher Ideen-Entwicklung ... der eigentliche Kern seines [Beethovens] Lebens gewesen« sei.

Allgemeine Deutsche Biographie, 1. Aufl., Bd. II, 1875 (A. v. Dommer):
Beethoven, »glorreicher Sieger über alle Erdenleiden« (S. 257).

Romain Rolland, *Ludwig van Beethoven,* 1903 (zitiert nach der autorisierten Übersetzung in der Ausgabe Zürich 1922, S. 65):
Eine besondere Vorsehung scheint dafür zu sorgen, »daß die Not in Beethovens Leben immer neu auftauche und steige, damit sein Genius, durch immerwährenden Kampf gestärkt, wachsen könne«.

Paul Bekker, *Beethoven,* Berlin 1911 (zitiert nach der Auflage Stuttgart-Berlin 1922, S. 65f.):
»... er gräbt sich hinein in die tiefsten Schmerzensschachte — er schwingt sich zur fessellosen, bacchantischen Freude auf.«

W. A. Thomas-San-Galli, *Ludwig van Beethoven,* München 1913, S. 438:
»Aus der verwundeten Brust Beethovens entsprang das humorsprühende Scherzo.«

Hugo von Hofmannsthal, *Rede auf Beethoven,* 1920 (Ges. Werke in 3 Bden., Bd. III/3, Berlin 1934):
»Sein Leib war stark und kraftvoll bis zur Derbheit und ausgestattet zu leiden, wie eines Propheten und Mittlers Leib.«

Richard Benz, *Goethe und Beethoven,* Leipzig 1942, S. 53:
»Er war der Trostspender ...: er hat gewiß die Schmerzen, Verlassenheiten und Niederbrüche erlebt, die er in seinen Sonaten und Symphonien aussingt; aber wie er die Töne immer zuletzt in seinen Siegesjubel zwingt, so hat er auch sein Leiden durch sich, durch eigne Kraft, die riesenhafte und einzigartige Kraft, überwunden.«

Joseph Schmidt-Görg macht in *Die großen Deutschen* (2. Aufl., Bd. II, 1956) den Topos der Leidensnotwendigkeit wie folgt zentral:
»Doch gerade in dieser vielfachen Bedrängtheit zeigte sich, wie früher in den Tagen des Heiligenstädter Testaments [das »wohl am tiefsten ... die innersten Geheimnisse seiner leidenden, aber auch sieghaften Seele« enthüllt], der unbeugsame Wille des Künstlers ...«

Willi Hess, *Beethoven,* Wiesbaden 1957, S. 8:
»... die traurigste, elendeste Zeit seines Lebens ... macht ihn reif zum letzten, steilsten Aufstiege, zur Erfüllung ...«

G. R. Marek, *L. van Beethoven*, englisch New York 1969, deutsch München 1970, S. 404 und 598:
»So intensiv wie seine Freude war sein Leiden ... Er gleicht Leiden mit Trost aus.«

Im Zeitungsstil (*Prager Presse*, 27. 3. 1927, Josef Diner-Dénes, Paris):
»Es ist für ihn förmlich eine Wollust, sich Schwierigkeiten zu schaffen. Er glaubt sich aber auch ganz sicher sie zu überwinden.«

In Gedichtform (*Beethoven* von Arthur Schubart, in: Die Propyläen XVIII, 1921, S. 321):
»Kein andrer hat wie Er, das eigne Leid
In reinstes Glück verwandelt Ungezählten.«

Ähnlich schon 1870 Peter Cornelius, in: *Prolog zu Beethovens Säcularfeier*, Neues Beethoven-Jahrbuch III, 1927, S. 15):
»Der aus Leiden sich erhoben
Lebt in Geisterswonnen fort.«

Und Ferdinand Hiller 1850, *Prolog am Geburtstage Beethovens* (ebenda, S. 8):
»Unsägliches duldend,
Aber getreu der Wahrheit
Bis an sein Ende.«

Als Ablichtung der Rolle des Leidens ins Negativ erscheint die 1810 geschriebene Schlußpassage des Artikels *Beethoven* in Ernst Ludwig Gerbers *Neuem historisch-biographischen Lexikon der Tonkünstler*, Teil I, Leipzig 1812:
»Nur Schade, daß sich sein Genius, in dem größten Theile seiner Kunstwerke, zum Ernste und zur Schwermuth hinneigt; Empfindungen, welche durch die Leiden der Zeit ... jetzt ohne dies nur zu herrschend sind! Glücklicher Weise lebt und wirkt noch Haydns ermunternder und froher Geist in seinen Werken unter uns, um uns dadurch wieder in frohere Stimmung versetzen zu können.«

1815 vermerkt Wendt (Sp. 388 der in Anm. 45 genannten Quelle) mit Blick auf Willkürliches und Sonderbares in Beethovens Kompositionen:
daß hierzu »ihn auch vielleicht eine zu wenig gehemmte Reizbarkeit für äußere Verhältnisse verleiten mag«.

Ähnlich 1825 in der *Zeitung für die Elegante Welt* (vgl. Die Musik XVIII, 1925/26, S. 421) in einem Bericht aus London über die Aufführung der 9. Symphonie:

manches in dieser Symphonie lasse sich »nur aus dem Mißmut, der Unzufriedenheit mit dem Schicksal, aus der verzweiflungsvollen Stimmung erklären, von welcher Beethoven bekanntlich öfters heimgesucht wurde«.

Zu fragen ist weiterhin, ob — zunächst auf der gleichen Ebene der verbalen Artikulation — Beethoven selbst es ist, der diese Rezeptionskonstante bestätigt und initiierte.[41] An die Gräfin Anna Marie Erdödy schreibt Beethoven am 19. Oktober 1815, sich und ihr zum Trost:

»Wir endliche mit dem unendlichen Geist sind nur zu Leiden und Freuden geboren, und beinah könnte man sagen, die ausgezeichnetsten erhalten d u r c h   L e i d e n   F r e u d e .«

— und an dieselbe am 13. Mai 1816 über sein und ihr Leiden:

»Es ist nicht anders mit den Menschen, auch hier [im Leiden] soll sich seine Kraft bewähren, d. h. [die Fähigkeit] auszuhalten, ohne zu wissen [Leitzmann: zu murren] und seine Nichtigkeit zu fühlen und wieder seine Vollkommenheit zu erreichen, deren uns der Höchste dadurch würdigen will.«

An den Erzherzog Rudolf (1819):

»Es gibt beinahe kein Gutes — ohne Opfer, und gerade der edlere, bessere Mensch scheint hierzu mehr als andere bestimmt zu sein, damit seine Tugend geprüft werde.«

Aus den persönlichen Aufzeichnungen 1816:

»Ertragung — Ergebung — Ergebung! So gewinnen wir noch beim höchsten Elend und machen uns würdig, daß Gott unsre Fehler [verzeiht].«

---

41 Beethovens Briefe werden zitiert nach: *Ludwig van Beethovens sämtliche Briefe und Aufzeichnungen,* hg. und erläutert von Fr. Prelinger, 5 Bde., Wien und Leipzig 1907—1911, und Beethovens persönliche Aufzeichnungen nach: *Ludwig van Beethoven, Berichte der Zeitgenossen, Briefe und persönliche Aufzeichnungen,* gesammelt und erläutert von A. Leitzmann, 2 Bde., Leipzig 1921.
— Inwieweit Beethoven in den hier zitierten Stellen und anderwärts die Sprache seiner Zeit spricht, wäre zu untersuchen, braucht jedoch an dieser Stelle nicht verfolgt zu werden.

Das Leiden wird hier von Beethoven als menschliche Gegebenheit (»Wir endliche mit dem unendlichen Geist«) und als notwendige Voraussetzung zur Freude (»durch Leiden Freude«) und zur Bewährung und Würdigkeit im moralischen und religiösen Sinne angesehen. Daß jedoch Leiden notwendig ist, damit K u n s t entsteht, hat Beethoven selbst nirgends direkt ausgesprochen. Ebensowenig finden sich bei ihm konkrete Aussagen darüber, daß es überhaupt Leiden und Freuden, geschweige denn *seine* Leiden und Freuden sind, die sich kompositorisch ins Werk seiner Musik vermitteln. Ähnlich ist es auf der Ebene des Begriffs der ›Menschheit‹. Zwar ist sie für Beethoven in ihrer Gegebenheit arm und leidend (»Nun leben Sie wohl als es nur immer die arme Menschlichkeit kann ...«, an Chr. Aug. Tiedge, 6. 9. 1811), aber die Äußerung: »der armen leidenden Menschheit ... mit meiner Kunst ... dienen« (an Joseph Varena, Jan. 1812)[42] bezieht sich auf Wohltätigkeitskonzerte (»Armen-Akademien«) für die materiell Armen (im Zusammenhang mit den Ursulinerinnen von Graz).

Eine Verbindung zwischen persönlichem Elend (dem immer wiederkehrenden Grundton: »ich bin ein armer unglücklicher Mensch«, an Zmeskall, 20. 10. 1817) und dem Kunstschaffen formuliert Beethoven in dem Sinne, daß ihm die Kunst — als widerstrebend hingenommener einziger Ausweg — zur alleinigen Sinngebung seines elenden Daseins wird:

»Nur in deiner Kunst leben! So beschränkt du auch jetzt deiner Sinne halber bist, so ist dieses doch das einzige Dasein für dich« (Aufzeichnung 1816).[43]

Ist auch das Sich-Einwohnen des Leides in die Kunst und die Notwendigkeit des Leides zu ihrem Entstehen durch Beethoven selbst verbal nicht belegt, so ist doch offenkundig, daß er den Menschen wesentlich sub specie von Leiden und Freuden dachte und daß

---

42 Vgl. auch an denselben 1813 (I, 333): auf Zahlungen verzichten und mit der Kunst willfährig sein »für die leidende Menschheit überhaupt«.
43 Vgl. auch unten S. 35.

in seinen Briefen und Aufzeichnungen das Kunstschaffen — hier erstmals in den Äußerungen eines Komponisten über sich selbst — als die Erhöhung des so gedachten Menschen, als Sinngebung des eigenen elenden Daseins fungiert. Indem Beethoven selbst sein Schaffen in einem Bereich zwischen persönlichem Elend und dem Glück, das die Kunst bietet, ansiedelte, hat er die Rezeptionskonstante der *Leidensnotwendigkeit* viel mehr initiiert, als daß er ihr widersprochen hätte.

Die Rezeption des Phänomens Beethoven und seiner Musik begann dann auch — wo sie über Unverständnis, blanke Ablehnung und technologisch äußere Beschreibung hinausgelangte und im Sinne eines Beethoven-›Bildes‹ relevant wurde — sofort jenes Verhältnis zwischen Leben und Kunst in dem Sinne zu verstehen, daß der Ton des Schmerzes und der Freude und die dynamische Bewegung »durch Leiden Freude« das Neue in der Musik Beethovens ist, das strukturell und semantisch, bald auch vom Biographischen her erklärt, ihre Eigenart, ihren Sinn, ihre Größe und Gewalt ausmacht.

Entkleidet man die Beethoven-Rezensionen E. Th. A. Hoffmanns[44] ihrer prononciert »romantischen« Besonderheit, so erkennt man schon in ihnen die erste Ausprägung und Variation eines Ein und desselben: des in der Beethoven-Rezeption konstanten Themas der *Erlebens*-(Schmerzens- und Freuden-)*musik* und somit auch der *Leidensnotwendigkeit*.[45]

---

44 Zitiert werden im folgenden die Rezensionen über die Fünfte Symphonie (AmZ XII, 1810), die *Coriolan*-Ouvertüre (AmZ XIV, 1812), die Klaviertrios op. 70 (AmZ XV, 1813), die C-Dur-Messe (ebenda) und die Musik zu Goethes *Egmont* (ebenda); der Aufsatz *Beethovens Instrumental-Musik* in: Zeitung für die Elegante Welt, Leipzig 1813, ist im wesentlichen eine Zusammenstellung zentraler Partien aus jenen Rezensionen.

45 Dieses Thema erscheint alsbald, teils von Hoffmann übernommen, teils spontan neu formuliert, auch bei Amadeus Wendt in dessen Beethoven-Aufsatz von 1815: *Gedanken über die neuere Tonkunst, und van Beethovens Musik, namentlich dessen Fidelio*, AmZ XVII, 1815, Nr. 21ff. — Größere Partien dieses Aufsatzes hat A. Schindler als vorbildliches »Eindringen in den Geist der Beethoven'schen Tondichtung« in seiner Beethoven-Biographie (1840, ³1860) abge-

Was Hoffmann als zentrale Kennzeichnung der Instrumentalmusik Beethovens herausarbeitet, ist der Begriff des »Schmerzes«: »Die Instrumentalkompositionen aller drei Meister [Haydn, Mozart, Beethoven] atmen einen gleichen romantischen Geist ...; der Charakter ihrer Kompositionen unterscheidet sich jedoch wesentlich.« Für Haydn ist charakteristisch: »kein Leiden, kein Schmerz, nur ein süßes, wehmütiges Verlangen ...«; für Mozart: »Furcht ..., aber ohne Marter ... Liebe und Wehmut«; für Beethoven (allgemein): Seine Musik »bewegt die Hebel des Schauers, der Furcht, des Entsetzens, des Schmerzes ...«[46] — »... Riesenschatten ..., die ... alles in uns vernichten, aber nicht den Schmerz der unendlichen Sehnsucht, in welcher jede Lust, die schnell in jauchzenden Tönen emporgestiegen, hinsinkt und untergeht, und nur in diesem Schmerz, der, Liebe, Hoffnung, Freude in sich verzehrend, aber nicht zerstörend, unsre Brust mit einem vollstimmigen Zusammenklang aller Leidenschaften zersprengen will, leben wir fort ...«

Was schon bei E. Th. A. Hoffmanns Beethoven-Bild von 1810—1813, dem frühesten, das es gibt[47], aus der Gewandung einer individuell und historisch besonderen poetischen Sprache sich herausschälen läßt, ist eine Serie von Rezeptionskonstanten, eine bestimmte, im Kern der Aussage bis heute durchgehende Art, über Beethoven zu sprechen. Sie wurde bei Hoffmann — ohne persönliche Kenntnis Beethovens — unmittelbar durch Betrachtung der

---

druckt, irrtümlich unter dem Namen Wendts auch eine Passage aus E. Th. A. Hoffmanns Rezension der c-Moll-Sinfonie (5. Aufl., hg. von Fr. Volbach, Münster i. W., 1927, 2. Teil, S. 173).

46 Wendt (Sp. 351): Beethoven (der »musikalische Shakespeare«) vermag »den herbsten, tiefsten Schmerz, wie das himmelhoch jauchzende Entzücken ... in Tönen zu schildern und auszusprechen«.

47 Bettinas drei Briefe Beethovens wurden erst im Januar 1839 veröffentlicht (von J. Merz in der Zeitschrift *Athenäum*; die Echtheit des 3. Briefes wurde bereits im Juli 1839 in den von Schilling herausgegebenen musikalischen *Jahrbüchern* bezweifelt). *Goethes Briefwechsel mit einem Kinde* erschien 1835. Der Brief an A. Bihler wurde erst 1870 in der *Gartenlaube* (Nr. 20) im Rahmen eines anonymen Aufsatzes *Beethoven und das Kind* veröffentlicht (vgl. A. Leitzmann, *Beethoven und Bettina*, Deutsche Revue, 1918, S. 109ff.).

Musik ausgelöst, und zwar im Rahmen einer fürs frühe 19. Jahrhundert als vorbildlich anzusehenden musikalisch-analytischen Arbeit, die sich durch Beethovens Instrumentalmusik, speziell seine Fünfte Sinfonie, spontan veranlaßt sah, »die Grenzen der gewöhnlichen Beurteilungen« von Musik zu überschreiten in dem Versuch, zugleich »alles das in Worte zu fassen« was der Rezensent bei jener Musik »tief im Gemüte empfand«.

Bei diesen sich hier spontan auslösenden Konstanten der Rezeption handelt es sich nicht nur etwa um die schaffenspsychologisch beobachtete »Besonnenheit«[48] (er »trennt sein Ich von dem innern Reich der Töne und gebietet darüber als unumschränkter Herr«) oder um die technischen Aspekte der »Einheit« aufgrund des »inneren tiefen Zusammenhangs jeder Beethovenschen Komposition« (der »innigen Verwandtschaft der Themas untereinander«), der »Struktur des Ganzen« aus »höchst einfachen Elementen« oder der Kunst der Instrumentierung — nicht nur um den metaphysischen Gehalt der Musik Beethovens (»das Reich des Ungeheuren und Unermeßlichen«, die »Weihe«, deren Widerpart »Spielerei« und »Zeitvertreib« sind)[49] und nicht nur um die besondere poetische Sprachfähigkeit speziell der Instrumentalmusik Beethovens im Sinne des »unaussprechlichen« konkret Unbestimmten oder unbestimmt Konkreten, das gleichwohl zur gehaltlichen Beschreibung zwingend auffordert, die sich schon hier einpendelt in die Begriffssprache »rastlose Unruhe«, »fortdauerndes, immer steigendes Drängen und Treiben«, »Ringen und Kämpfen«; »grausenerregend« — »blendendes Sonnenlicht«; »wehmutsvoll« — »jauchzen-

---

48 — die dann Wendt allerdings in einigen Werken Beethovens vermißte (Sp. 386ff.). — Schumann: »das Maß bei sonst gigantischen Kräften« (I, S. 42).
49 Wendt nennt Beethoven einen »metaphysischen Grübler in dem Reiche der Tonkunst« (Sp. 388); »... in deiner Hand sind Töne Ausdruck tiefer Gedanken; ... und ... du ... schilderst was kein Dichter schildern kann« (Sp. 401). — Schumann: Beethoven gestaltet einen »einfachen Gedanken« (»das anfangs gemeine Wort«) »zu einem hohen Weltenspruch« (I, 58, auch I, 96; zitiert dann u. a. von Ambros, 1865 (s. Anm. 39), S. 19.

der Jubel«.[50] Das Neue der Musik Beethovens[51] ist in E. Th. A. Hoffmanns Darstellung vor allem die Intensität der existenziellen Affizierung des Menschen im Sinne von Schmerz und Freude — der »rastlose Flug« der »Bilder, in denen Freude und Schmerz, Wehmut und Wonne neben- und ineinander hervortreten«. Das Neue, Faszinierende, ist die Fähigkeit dieser Musik, das in der Realität aus Leid und Freude gewobene Dasein ästhetisch ins Sein zu transzendieren — das Vermögen dieser »heiligen Musik«, den Hörer zu entrücken »hinaus aus dem Leben in das Reich des Unendlichen«, ins Reich der »Ahnungen«, der »unaussprechlichen Sehnsucht« — in die »Zauberwelt«, ins »Geisterreich, wo Schmerz und Lust, in Tönen gestaltet«, den Hörer umfangen. »Und so gut ist es mir ja denn heute abend geworden ...« — nach dem Spiel der Trios op. 70.[52]

Das Neue ist die Befreiung (»Verzauberung«) des Menschen aus »der beengten Welt« (»der äußeren Sinnenwelt, die uns umgibt«) zu den »Ahnungen der Freudigkeit«, zu »Hoffnung und Trost«, »Trost und Hoffnung«, durch welche sich »Sehnsucht« definiert. Und vorweggenommen ist auch hier schon, daß ein Werk wie die Fünfte Sinfonie nicht als Ausnahme- oder Sonderfall gilt, sondern als eines, das das Wesentliche der Musik Beethovens »mehr als irgendein anderes seiner Werke entfaltet«.[53]

---

50 Bei Wendt: »das Schmerzlichste wie das Heiterste, das ... Traurigste, wie das ... Freudigste«; »schmerzliches Gefühl« (»Abgründe des kämpfenden Herzens«) — »höchster Trubel und Entzücken«; »sich entladende Kraft« — »Titanenkämpfe« — »Heroengefühl kommt auf uns hernieder«. — Schumann: »... der so rang unter unzähligen Kämpfen« (I, S. 42).
51 Wendt: »ein noch nie betretenes Gebiet« (Sp. 350).
52 Wendt: Durch Beethovens Instrumentalmusik kommt »eine überirdische Kraft ... in den Menschen, so daß er sich ... der Bewohner einer höhern Welt zu seyn wähnen kann« (Sp. 352). — Schumann: »Wie sich aber freilich im Adagio [der Neunten Symphonie] alle Himmel auftaten, Beethoven wie einen aufschwebenden Heiligen zu empfangen, da mochte man wohl alle Kleinigkeiten der Welt vergessen und eine Ahnung vom Jenseits die Nachblickenden durchschauern« (I, S. 315).
53 Schumann: »... diese Sinfonie wird nach Jahrhunderten noch wiederklingen, ja gewiß solange es eine Welt und Musik gibt« (II, S. 50).

So zentral wie Schmerz und Trost, Erlebensmusik, Leiden und Überwinden, ist in Hoffmanns (von Beethovens Biographie noch unberührtem) Bild der Rezeptionsbegriff der *Leidensnotwendigkeit* angelegt. Er erscheint hier in Formulierungen wie »Schmerz und Lust, in Tönen gestaltet«. »Die Brust, von der Ahnung des Ungeheuern, Vernichtung Drohenden gepreßt und beängstet, scheint sich in schneidenden Lauten gewaltsam Luft machen zu wollen ...«[54]

Aufs deutlichste nimmt schon Grillparzer in seiner Rede am Grabe Beethovens dafür das Biographische in Anspruch[55]:

»Des Lebens Stacheln hatten tief ihn verwundet, und wie der Schiffbrüchige das Ufer umklammert, so floh er in deinen Arm, o du des Guten und Wahren gleichherrliche Schwester, des Leides Trösterin, von oben stammende Kunst!«

Es ist nicht aus der Welt zu schaffen, daß Grillparzer, der Beethoven kannte, hier zu den Wienern, die ihn kannten, durchaus in Beethovens Sinne spricht. In dessen Briefen und Aufzeichnungen heißt es:

»Fahren Sie fort, sich immer weiter in den Kunsthimmel hinauf zu versetzen; es gibt keine ungestörtere, ungemischtere, reinere Freude, als die von daher entsteht« (an Xaver Schneyder von Wartensee am 19. 8. 1817);

»... nur dadurch [durch Entfernung von Wien] kannst du wieder so zu den Höhen deiner Kunst entschweben, wo du hier in Gemeinheit versinkst« (Aufzeichnung 1817);

»Nur in deiner Kunst leben! ... das einzige Dasein für dich« (s. oben S. 41);

»Du darfst nicht Mensch sein, für dich nicht, nur für andre: für dich gibts kein Glück mehr als in dir selbst, in deiner Kunst« (Aufzeichnung 1812).

---

54 Zitiert aus: *Beethovens Instrumental-Musik*. Die Stelle bezieht sich auf Takt 44 bis 55 der Durchführung des 1. Satzes der Fünften Symphonie und heißt im ursprünglichen Rezensionstext: »Es sind Laute, womit sich die Brust, von Ahnungen des Ungeheuren gepreßt und beängstet, gewaltsam Luft macht.«
55 Zitiert nach der Ausgabe von Leitzmann, I, S. 377ff.

Was bei Beethoven in der persönlichen, leiblichen und seelischen, auch charakterlich motivierten Betroffenheit nur erst widerstrebend geschah, die Musik als Zuflucht, hat Grillparzer wie ein Unabdingbares registriert und zum Leiden als Anlaß von Kunst verklärt. Und er verbindet mit diesem Gedanken — ebenfalls nicht entgegen Beethoven selbst (»... für dich gibts kein Glück mehr als in dir selbst ...«) — den der gesellschaftlich motivierten Einsamkeit:

»Er floh die Welt, weil er in dem ganzen Bereich seines liebenden Gemüts keine Waffe fand, sich ihr zu widersetzen. Er entzog sich den Menschen, nachdem er ihnen alles gegeben und nichts dafür empfangen hatte.«

Leidensnotwendigkeit und gesellschaftliche Zurückgestoßenheit aber werden in Grillparzers Rede verherrlicht als Bedingungen der Größe und Unsterblichkeit:

»So war er, so starb er, so wird er leben für alle Zeiten ... Kein Lebendiger tritt in die Hallen der Unsterblichkeit ein. Der Leib muß fallen, dann erst öffnen sich ihre Pforten. Den ihr betrauert, er steht von nun an unter den Großen aller Zeiten, unantastbar für immer.«

Am Grabe Beethovens initiierte sich, verhakt in Beethovens eigene Vorstellung von Unsterblichkeit[56], der Heroenkult. Man weint (»wir stehend weinend« — »und als er starb, haben wir geweint«), — aber es ist nicht das menschliche Weinen über das Elend, dem Kunst sich hier verdankt, sondern das über den Verlust eines Produzenten von Trost. Am Grabe Beethovens neutralisierte sich das Leiden zum Topos von Kunst.

Am Grabe Beethovens dichtete Johann Mayerhofer 1827 (*Den Manen Beethoven's*, in: Neues Beethoven-Jahrbuch III, 1927, S. 7):

---

56 »Wahre Kunst bleibt unvergänglich« (an Cherubini, März 1823); vgl. auch die Briefe an Fr. Hofmeister vom Januar 1801 und an Breitkopf und Härtel vom November 1809, ferner Beethovens Exzerpt aus Plinius (*Epistulae* III, 21, 6) in der Aufzeichnung von 1817.

»Was in der tiefen Brust des Menschen webt,
Im Auge blitzt und in den Adern gährt,
Hast, Hoher, du gekannt und durchgelebt,
Und herrlich durch die Kunst versöhnt, verklärt.«

Von hier aus sind die Rezeptionstopoi des *Heiligen*, des *Märtyrers*, des *Erlösers* usw. nur graduell, nicht prinzipiell, nicht im Kern des Besagens unterschieden, nur Varianten und Metamorphosen, zu abstrahierende Verherrlichungen, christologisch verbrämte Übersteigerungen jenes Ein und desselben, jener in die Elendssphäre des Daseins hineinreichenden Funktion der Musik, die als Beethovens Auffassung seiner Kunst sich nachweisen läßt und als Ton des Schmerzes sofort als das Neue in Beethovens Musik rezipiert und durch den Hinweis aufs Persönlich-Biographische als Leidensnotwendigkeit expliziert wurde — jenes immer Wiederkehrende und Wiederzuerkennende, auch noch in Übersteigerungen wie:

»... — der ganz Schmerz Gewordene, dem die Welt ihre Freude versagt, wird selbst zum Schöpfer der Freude und schenkt sie der Welt! Aus seinem Elend schmiedet er sie ...« — »Wenn das Elend der ganzen Welt uns überwältigt, dann nahst du dich uns ...« (Romain Rolland, 1903, zitiert nach der auf S. 38 genannten Übersetzung, S. 90 und 86).

Er hat die Welt »ganz auf sich genommen ... feindliche Gewalt ... Qual ... Verlassenheit und Einsamkeit ... er hat es alles, er hat die Verantwortlichkeit für alles auf sich geladen ... nicht anders als die Heilande aller Zeiten ...« (Paul Natorp, *Beethoven und wir*, Marburg 1921, S. 37).

»Das Herz Beethovens ... empfand für die Menschheit, es litt um sie, und für sie schlug es.« — »Die Krone, die er trägt, ist eine Dornenkrone, die seine Stirne zerfleischt« (Ferruccio Busoni, zitiert nach der in Anm. 2 genannten Ausgabe, S. 174 und 183).

»... Beethoven hat die Tragik des Daseins in einem Leben voll Leiden und Entsagung erlebt und in einem Werk voll Heldentrauer und Siegesjubel bejaht ... — der vom Leben Gekreuzigte bejaht selbst die Marter« (R. Benz, *Beethovens geistige Weltbotschaft*, Die Musik XVIII, 1925/26, S. 408f.).

»Und bist doch schmerzvoller als alle ans Kreuz geschlagen / und vermagst kaum noch dein Kreuz weiter zu tragen« (aus: *Vorspruch* von Wilhelm Schmidbonn, gesprochen 1927 im Beethovenhaus Bonn, Neues Beethoven-Jahrbuch III, 1927, S. 16).

In dieser Weise also, hier erst nur an einem Beispiel skizziert, wäre die Rezeptionsgeschichte Beethovens nicht abzutragen, um Tabula rasa zu machen, sondern im Gegenteil als ein Material anzusehen und zu durchschauen, das zur Beantwortung der Frage nach Beethoven beitragen kann. Die Rezeptionskonstanten in ihrer Substanz scheinen vom Bilde nicht entfernbar zu sein; sie haften in dessen Poren als Segmente des Objekts selbst. Und Distanzierung von ihnen würde automatisch und unausweichlich zur Distanz gegenüber Beethoven selbst.

Im Falle unseres Beispiels würde die Frage nach Beethoven konkret zu der Frage, ob Leiden notwendig ist, um Kunst hervorzubringen, und das Unbehagen würde sich an der Erkenntnis rational machen, daß die Kunst, für die Beethoven als Inbegriff steht, notwendig im Leiden ihre Motivationen hat. Zu fragen wäre also letzten Endes nach der Leidensnotwendigkeit selbst — sei es als menschlich individuelles Leiden oder als gesellschaftlich bedingtes und sei es als unabänderliches oder als in seinen Gründen praktisch zu milderndes oder zu beseitigendes oder sei es als Frage nach den Beziehungen zwischen dem individuellen und gesellschaftlichen, dem unabänderlichen und praktisch zu beseitigenden Leid.

Unter soziologischem Blickwinkel sieht Adorno jenen Fragenkomplex ausschließlich als gesellschaftlichen. »Musik wird auch gesellschaftlich um so wahrer und substantieller, je weiter sie vom offiziellen Zeitgeist sich entfernt.«[57] Damit macht Adorno — exemplifiziert auch an Beethoven — für die Kunst das Leiden als gesellschaftliches notwendig: Leiden und Protest, Emanzipation und Einsamkeit. Beethovens Humanität »leidet und protestiert. Sie fühlt den Riß ihrer Einsamkeit«, zu der das emanzipierte Indivi-

---

57 Theodor W. Adorno, *Einleitung in die Musiksoziologie. Zwölf theoretische Vorlesungen*, Frankfurt a. M. 1962, zitiert nach der erweiterten Lizenzausgabe 1968 (= rowohlts deutsche enzyklopädie 292/293), S. 229.

duum verurteilt ist.⁵⁸ »Im ästhetischen Bild eines Vereins freier Menschen ging er über die bürgerliche Gesellschaft hinaus. Wodurch Kunst, als Schein, von der gesellschaftlichen Realität Lügen gestraft werden kann, die in ihr erscheint, das gestattet ihr umgekehrt, die Grenzen einer Realität zu überschreiten, vor deren leidender Unvollkommenheit die Kunst beschworen wird.«⁵⁹

In der von der Realität beschworenen ästhetischen Antizipation einer besseren Welt, in Musik, die »in der Chiffrenschrift des Leidens zur Veränderung aufruft«⁶⁰, erblickt Adorno den Sinn dieser Kunst, der auch für ihn inbegrifflich in Beethoven erscheint. In der Emanzipation, die als Kunst sich abspielt, sieht er den Ausbruch aus der leidenden Unvollkommenheit gesellschaftlicher Wirklichkeit, die Emanzipation des Subjekts, die Sprengung der willfährigen Adäquanz von Musik und Gesellschaft, den Einspruch gegen Herrschaft, das Meinen von Freiheit in der Unfreiheit, das Aufdecken, Kritisieren und Versöhnen der Widersprüche, die ästhetische Vorwegnahme eines realen Progresses.

Zu fragen ist jedoch, als Frage wiederum auch an die Geschichte der Rezeption, ob Beethovens Musik, und Musik überhaupt, zu einer solchen Vorwegnahme fähig war und ist und sein kann — fähig im Blick aufs Verhältnis zwischen den Ebenen des Ästhetischen und des Realen, fähig im Bedenken der Frage nach den Grenzen der Abänderlichkeit des Leides, fähig auch angesichts des Widerspruchs zwischen der utopischen und transzendierenden Wirkung von Musik.

---

58 Ebenda S. 227.
59 Ebenda S. 232. In der Adorno-Nachfolge erscheint diese Auffassung in Formulierungen wie: »... als ob die Domäne des Ästhetischen, die wie immer ominöse ›Welt der Kunst‹, nicht als Einspruch gegen die reale Welt, also gegen das Bestehende entworfen wäre« (H.-K. Metzger, *Zur Beethoven-Interpretation*, in: *Beethoven '70*, S. 7; s. Anm. 21); seit Beethoven hat »jedes bedeutende musikalische Werk etwas Subversives. Indem es eine Freiheit vorführt, deren es sich nie erfreuen konnte, übt es Kritik an den herrschenden gesellschaftlichen Verhältnissen« (H. Pauli, ebenda S. 23).
60 Ebenda S. 80.

Wie immer jedoch im Blick auf Beethoven die Frage nach der Notwendigkeit des Leidens zur Produktion von Kunst gestellt wird, bricht diese Frage — wo sie nicht mehr im Selbstverständlichen beantwortet oder als bloßer Rezeptionsirrtum mißverstanden wird — das Verhältnis zu Beethoven, die emphatisch bedingungslose Identifizierung mit ihm, zu einer Bewußtheit auf, die durchs ästhetische Phänomen hindurch Realität nun meint und an ihr die Frage nach Beethoven entscheidet — womöglich im Sinne eines Hörens seiner Musik, das im ästhetisch Vollkommenen, im noch währenden Inbegriff von Größe und Zeitlosigkeit, die noch währenden Realitäten konkret heraushört, die hier das Schöne bedingen, und dies womöglich in dem Sinne, daß es jene Realitäten sind, die den Raum der kritischen Distanz entstehen lassen und in ihm hervortreten.

III

DURCHFÜHRUNG:
BEGRIFFSFELDER (ZUR METHODE)

Arbeitstechnisch war in der Weise vorzugehen, daß das Rezeptionsmaterial unter dem Blickwinkel der Frage nach den Rezeptionskonstanten und ihren Varianten systematisch nach »Begriffsfeldern« (z. B. dem der *Leidensnotwendigkeit*) aufgeschlüsselt und verzettelt wurde. Die Methode ist also hier eine der Historischen Schule zutiefst suspekte: Statt eine Textstelle über Beethoven und seine Musik historisch-geisteswissenschaftlich-idiographisch auf der Basis ihres Kontextes und der Subjektivität ihres Autors nach der Jeweiligkeit ihres Meinens zu befragen und verstehend auszulegen, beurteilen wir die Textstellen primär je nach ihrem thematischen Kern und ordnen sie gemäß der in ihnen enthaltenen Essenzen in Felder ein, in denen — systematisch, nomothetisch — eine Aussage stellvertretend fungieren kann für eine beliebige Anzahl von Aussagen, die in ihren Essenzen identisch sind. Wir betrachten, gebrauchen, lesen und zitieren demnach — im Bilde gesprochen — das gesamte Beethoven-Schrifttum, eine unübersehbare Menge von Geschriebenem, wie ein einziges Buch von einem einzigen Autor. Wobei allerdings zu betonen ist, daß angesichts der Neuartigkeit der Fragestellung und der Fülle des Stoffes der vorliegende Versuch methodisch und in der Materialbewältigung nur erst als ein Anfang und Anstoß gelten kann.

Für das Verfahren der Verzettelung: das Benennen (die Titulierung) der Begriffsfelder und das Einordnen der Textstellen in die Kartei der so entstehenden Titel oder Stichwörter seien einige Beispiele gegeben. Dabei wird zugleich deutlich, daß die verschiedenen Begriffsfelder der Beethoven-Rezeption miteinander zusammenhängen und eine einzige Aussage (ein Satz, eine Stelle des Schrifttums) oft in mehrere Felder aufzulösen und unter verschiedene Titel zu verteilen ist.[61]

Der folgende Satz aus Jean und Brigitte Massins *Beethoven* (französisch Paris 1967, deutsch München 1970, S. 622):
»Denn mit seinem Kampf gegen das Schicksal vermochte er [Beethoven] die Substanz, die Essenz seines Werkes zu schaffen.«

— wurde aufgenommen unter die Verzettelungs-Stichwörter *Schicksal, Kampf; Biographischer Gehalt der Musik* (*Erlebensmusik*).

Amadeus Wendts Aussage (1815 [s. o. Anm. 45, Sp. 384f.]):
»Sein [Beethovens] Geist wühlt, in die Tiefen des Gefühls versunken, in einer Fülle von Harmonien, aus denen er sich, gleich einem glänzenden Vogel über die Erde und ihre Schranken in den klaren Aether des Himmels emporhebt.«

— provoziert die Stichwörter *Widerstand* (»wühlt«, »Schranken«) und *Überwindung* im Sinne von *Transzendierung* des Ichs ins Sein (»emporhebt« über die Schranken der Erde »in den klaren Aether des Himmels«) und berührt darin das Begriffsfeld *Leidensnotwendigkeit*.

Die folgende Stelle aus Edouard Herriots *La vie de Beethoven* (Paris 1929, zitiert nach der deutschen Übersetzung Frankfurt a. M. 1930, S. 412ff.):
»Wenn die Versöhnung der Menschen, wie wir hoffen, zustande kommen soll, dann kann sie nicht das Werk der Politiker allein sein. Mehr als Grenzabkommen ... erfordert sie eine moralische Erneuerung der Völker, die Predigt eines neuen Evangeliums ... Welch ein glücklicher Fortschritt wäre es schon, wenn in allen Bezirken der Welt ... die Anhänger Beethovens sich in der Brüderlichkeit eines gemeinsamen Kultes geeint fühlten ...«

— wurde verteilt unter die Stichwörter *Säkularisation* (»Predigt«, »Evangelium«) und *Utopie* (Hoffnung): Beethovens Werk als Vorwegnahme (Symbol, Wegbereiter) zukünftiger Versöhnung.[62]

Der Schlußabschnitt des schon oben (S. 39) angeführten Gedichts *Beethoven* von Arthur Schubart (Propyläen XVIII, 1921):

---

61 Vgl. die schon oben behandelten Textstellen, z. B. S. 34f.
62 Zu Herriots *Beethoven* vgl. Schrade 1937 (s. u. Anm. 63), S. 111: »Die Vereinigung der Menschen zu ewigem Frieden ist [für Herriot] eine Illusion des Völkerbundes und zugleich die illusorische Idee des Werkes von Beethoven.«

»Wir aber, die ein Weltreich wollten gründen
Und jetzt der Spielball sind für alle Völker,
Wir Deutsche blicken stolz zu ihm empor,
Der aus der tiefsten Not das Höchste schuf,
Der unser ist ... Er sei uns Trost und Führer
Zur wahren Weltherrschaft, zu der des Geistes ...!«

— demonstriert (in der Situation eines verlorenen Krieges) das Rezeptionsphänomen der *Benutzbarkeit*: Abreaktion und Nationalismus (Z. 1—3 und 6), eingebettet in die Rezeptionstopoi der *Leidensnotwendigkeit*, der *Überwindung* (»Trost«) und der *Autorität* (»Führer«).

Besonders schwierig zu ›verzetteln‹ ist eine so vollgepackte Passage wie Alfred Einsteins Einschub in Hugo Riemanns Artikel *Beethoven* in Riemanns *Musiklexikon* ab der 10. Auflage (1922):
»Seine Werke verkünden im rein Musikalischen ein Geistiges und Sittliches, sind ein Urquell seelischen Geschehens, in dem die letzten Konflikte der Menschenbrust sich darstellen und auf dem neuen Boden der persönlichen Freiheit die letzten Probleme alles Menschlichen und Göttlichen zur Lösung gelangen.«

Dieser eine Satz enthält die Begriffsfelder *Säkularisation* (»verkünden«); *Erlebensmusik* (»seelisches Geschehen«, »Konflikte der Menschenbrust«); *Überwindung* (»Konflikte« gelangen »zur Lösung«); *Leidensnotwendigkeit*; *Ethos* (das »Sittliche«); *Transzendierung* ins Immerwährende (zur Lösung gelangen »die letzten Probleme alles Menschlichen«). Ferner findet sich in jenem Satz eine Aussage über das Verhältnis zwischen extentionalem (operativem) und intentionalem (gehaltlichem) Sinn der Musik Beethovens (»ein Sittliches« usw. erscheint »im rein Musikalischen«) sowie über ›das Neue bei Beethoven‹ (»der neue Boden der persönlichen Freiheit«).

Es zeigte sich im Verlauf der Arbeit, daß die Geschichte der Beethoven-Auffassung in ihren Grundlinien und -farben unter eine relativ kleine Zahl von Begriffsfeldern subsumabel ist, die sich in ihren Kernzonen als konstant herausstellen, oft und wechselhaft miteinander verbunden auftreten und dazu neigen, sich zu Rezeptionstopoi zu verfestigen.

Für die Fragestellung des vorliegenden Versuchs besonders wichtig und ergiebig erschienen die Begriffsfelder, die in der Tafel auf S. 56 in titularischer Umschreibung aufgeführt werden, wobei zu einem Feld oft mehrere Stichwörter gehören (in Klammern zugefügt). Im Anschluß an diese Begriffsfelder (deren Titel in dieser Abhandlung in Kursivschrift wiedergegeben werden) verzeichnet unsere Liste einige Gesichtspunkte, die sich für unsere Fragestellung und Verzettelung des Materials ebenfalls als zentral erwiesen. So wie diese Studie nur einen Bruchteil des Materials ausbreiten kann, sind in ihr auch nicht alle Begriffsfelder expliziert.

Nicht alle oben benannten Rezeptionsfelder sind in jeder Schrift über Beethoven zu finden oder in gleicher Weise ausgeprägt. Für den Komplex der Begriffe *Leidensnotwendigkeit — Wille — Überwindung (Transzendierung; Utopie)* ist eine Schrift wie die von Romain Rolland (1903) mit ihrem Motto »Durch Leiden zur Freude« besonders ergiebig (— und hier wiederum könnte die Rezeptionsgeschichte dieses bis heute weit verbreiteten Buches verfolgt werden), wie überhaupt das Schrifttum der französischen Beethoven-Bewegung (R. Bouyer, 1905; R. Canudo, 1905; G. Pioch, 1905; J.-G. Prod'homme, 1906; J. Tiersot, 1910), an deren Spitze Rollands *Vie de Beethoven* gestanden hatte, fast alle der oben verzeichneten Rezeptionsbegriffe zum Superlativ steigerte: Beethoven (mit den resümierenden Worten L. Schrades) »der Mensch unter Menschen, ... der Gequälten Einer, ... Lenker und Tröster, ... höchster Gott und höchster Mensch zugleich«; Inbegriff für »die Heilslehre des französischen Sozialismus ... — ein Stifter der neuen Religion, der Heiland, der Erlöser, Jesus der Menschensohn und Gott, und sein Werk ein Buch des neuen Evangeliums« (und dies bis 1918, als man auf den Gedanken kam, im Festsaal des Konservatoriums zu Lyon die Namen Beethovens und Wagners auszulöschen).[63]

---

63 L. Schrade, *Das französische Beethovenbild der Gegenwart*, in: *Beethoven und die Gegenwart, Festschrift des Beethovenhauses Bonn, Ludwig Schiedermair zum 60. Geburtstag*, Berlin und Bonn 1937 (die Zitate: S. 84, 86, 94); vgl. auch von dems., *Beethoven in France, The Growth of an Idea*, New Haven und London 1942.

Tafel der Begriffsfelder

Erlebensmusik
Biographischer Gehalt der Musik (Einheit von Leben und Werk)
Leidensnotwendigkeit
Wollen
Überwinden (Schicksal; Leiden/Einsamkeit/Widerstände — Kampf — Sieg/Freude/Hoffnung/Trost/Versöhnung)
Ethos
Transzendierung (des Leidens und seiner Überwindung ins ›Sein‹ und sittliche ›Wesen‹ des Menschen und der Menschheit; Trost)
Utopie (Transformation musikalischen Gehalts in Richtung zukünftiger Realität, die in Musik vorwegerscheint; Hoffnung/Freiheit)
Säkularisation (Verkündigung; Zauberer, Priester, Heiliger; Stellvertreter der Menschheit; Erlöser, Christus, Gott)
Autorität (Genie, Heros, Titan, Führer)
Zeitlosigkeit (Nachwelt; Unsterblichkeit)
Inbegriff (Symbol; uneingeschränkte Gültigkeit)
Benutzbarkeit (ideologisch, politisch, wirtschaftlich; Apologetik; Revolution; Nationalismus, Internationalismus; Sozialismus; Militarismus; Krieg; Zusammenbruch usf.)

Geschichtliche Position (das Neue; das Einmalige)
Klassik — Romantik
Extentionaler (operativer) und intentionaler (gehaltlicher) Sinn der kompositorischen Technik (das ›Poetische‹, die ›Idee‹; außermusikalische Motivationen)
Rezeptionskritik
Distanzierung gegenüber Beethoven

Das Begriffsfeld *Erlebensmusik* — um noch ein weiteres Beispiel zu nennen — ist extrem ausgeprägt in der weitverbreiteten Monographie von Paul Bekker (*Beethoven*, Berlin 1911, hier zitiert nach der Auflage Stuttgart-Berlin 1922), die von dem Standpunkt ausgeht, daß für Beethoven die ›poetische Idee‹ »oberstes formgebendes Prinzip« sei und somit für die interpretierende Betrachtung die Aufgabe bestehe, »den Sinn des Gehörten«, den »Inhalt der Tondichtung«, den »Charakter der in ihr tätigen Bewegungskräfte« bewußt zu machen »durch Auffindung von Analogien«, die »den inneren Entwicklungsgang des Musikstückes an einer parallel laufenden Gedankenreihe begreiflich machen« (S. 77f.). Damit wurde (wenn auch wissenschaftsmethodisch noch ganz unzureichend) zum Prinzip der Interpretation erhoben, was die Beethoven-Rezeption durchweg kennzeichnet: nämlich daß Beethovens Musik »unmittelbare Spiegelung tiefgreifenden seelischen Erlebens« ist (ebenda), das als Motivation, als ›Idee‹, als Vorstellung, Gedanke, Bewegungskraft, intentionaler Sinn aus ihr ablesbar, als ihr Inhalt verbalisierbar sein müsse.

Analysiert man den Aufsatz *Etwas über die Symphonie und Beethovens Leistungen in diesem Fache,* den A. B. Marx 1824 in der Berliner *Allgemeinen Musikalischen Zeitung* veröffentlichte, so gewinnt man den Eindruck, daß man sich hier mitten in dem Entstehungs- oder doch Intensivierungsprozeß dieses Begriffs der ›Idee‹ in der Musik (und damit in der Anfangszeit der bis heute ungelösten ›Form-Inhalt‹-Problematik) befindet und daß dieser Begriff (und damit jene Problematik) besonders durch Beethoven initiiert wurde.[64]

In Superlativen der Erlebenssprache beschreibt Marx an Hand der 5., 6., 3. und 7. Symphonie, worin Beethoven über Haydn und Mozart hinausging, und er faßt den »höchsten Standpunkt«, den Beethoven erreichte, dahin gehend zusammen: »p s y c h o l o g i s c h e E n t w i c k l u n g , geknüpft an eine F o l g e ä u ß e r e r Z u s t ä n d e , dargestellt in einer durchaus d r a m a t i s c h e n T ä t i g k e i t der, das Orchester bildenden I n s t r u m e n t e«. Zum Schluß seines Aufsatzes rechtfertigt Marx seine hierin verankerte Beschreibungsart der Musik Beethovens (er verteidigt sie gegen den Vorwurf der »unbegründeten Schwärmerey«), indem er betont, daß »die Stufe der Vervollkomm-

---

64 Genaueres wäre allerdings erst durch die Erarbeitung der Geschichte dieses Ideen-Begriffs ausfindig zu machen.

nung«, auf der Beethovens Musik stehe, eine »höhere Ansichtsweise« der Tonkunst verlange: »eine innige Hingebung der ganzen Seele, des ganzen Wesens und ein Vertrauen auf die Resultate eines solchen Verhaltens«. Während die bisher vorherrschende »Verstandes-Richtung« sich mehr auf Regel und Form eingelassen habe (und sich dabei in ihren Resultaten allerdings besser beweisen ließe), erfordere jene »geistigere Auffassung der Tonkunst«, in ihren Werken »eine Bedeutung zu erkennen dergleichen bis jetzt noch nicht erkannt worden, vielleicht in den frühern Tonwerken noch nicht hervorgetreten ist«; maßgebend müsse die Einsicht werden, »daß sich über dem bloßen verständigen Erkennen der Form eines Kunstwerkes und über der bloßen sinnlichen und allgemeinen Gefühlsanregung noch etwas Höheres in den Werken der Tonkunst kund gebe«; es gelte zu erkennen, »daß ein Tonstück fähig« ist, »eine Idee — bestimmte Vorstellungen anzuregen«, ein »Bild, in dem die Idee eines Kunstwerkes sichtbar gemacht werden« kann.

›Idee‹ ist also hier soviel wie die bestimmte Vorstellung, welche die Musik anregt, bzw. der Gedanke, welcher der musikalischen Form vorausgeht, und dies in dem konkreten Sinne, in dem Marx z. B. die ›Bedeutung‹ des 1. Satzes der Fünften Symphonie ›erkennt‹: »Es ist das Ringen eines kräftigen Wesens gegen ein fast übermächtiges Geschick. Harter Kampf in den abgerissenen Schlägen des ersten Allegro, schmerzvolle Klage eines tief verwundeten und doch nicht geschwächten Gemüthes in dem Seitensatze dazu ...« — oder in dem Sinn, in dem Marx die ›Bedeutung‹ des 2. Satzes der Siebenten Symphonie durch ein ›Bild‹ umschreibt: »So könnte sichs gestalten, wenn klagende Gefangene vor den Sieger geführt werden, wenn ihre Klage die Herzen der Krieger bewegt — und so folgt in unserer Romanze nun eine tröstende, mild erquickende Entgegnung, zu süß für die Stimme selbst des milden Siegers. Ist es die Fürbitte eines ihm theuern zarten Wesens?« — oder im Sinne der »Idee einer heldenmüthigen Kraft, die mit gigantischem Ungestüm nach dem Höchsten greift«, die Wagner in der Eroica ›erkennt‹ (*Ein glücklicher Abend*, 1841, GA I, S. 146).

Die ›Idee‹ ist demnach der der Musik vorangehende, in ihr dargestellte, aus ihr ablesbare Gedanke; sie rückt somit in die Nähe des ›Begriffsfeldes‹: das Ansprechen der ›Ideen‹ der Musik Beethovens umschreibt ihre Gehalte, und zwar in einer Beschreibungssprache, deren Essenzen sich gänzlich in die konstanten Begriffsfelder der Beethoven-Rezeption einfügen.[65]

In anderen Veröffentlichungen erscheinen die Rezeptionsbegriffe mit negativem Vorzeichen (z. B. bei Busoni, s. o. S. 14f.) oder im bloßen Beiseiteschieben (wie bei Strawinsky, s. o. S. 16f.) oder neu

---

65 Zum hier erörterten ›Ideen‹-Begriff vgl. die in Anm. 69 genannte Dissertation von K. Kropfinger; dort auch weitere Quellen- und Literaturangaben. — Zu Marx siehe schon oben S. 36f. mit Anm. 40.

verbalisiert im ›Abschied vom Mythos‹ (oben S. 28), während in den Publikationen, die in der Rezeptionsabwehr bewußt ein neues Verständnis der Gesamterscheinung Beethoven suchen (z. B. August Halm in seinem Buch von 1927) oder die überhaupt jede gehaltliche Interpretation von Musik als verfehlt oder aussichtslos ansehen (wie Walter Riezler in seiner Beethoven-Monographie von 1936), die Rezeptionstradition dennoch durchbricht.[66] Selbst jene Werkanalysen, die ›immanent‹ sich nennen und mit Vorsatz sich rein technisch gebärden, sind zufolge der (oft unreflektierten) Wahl ihrer zur Analyse verwendeten Wörter eine Fundgrube für die Konstanz der Rezeptionssprache (hierzu S. 66ff).

Gegenseitig auszuschließen scheinen sich die Begriffsfelder *Transzendierung* (des Leidens und seiner Überwindung ins Immerwährende, ins ›Sein‹ und sittliche ›Wesen‹ des Menschen und der Menschheit) und *Utopie* (die Transformation musikalischer Gehalte in die Richtung zukünftiger Wirklichkeit), und sie sind doch zumeist — wenn auch oft nebulos — miteinander verwoben. Zutreffend arbeitet Leo Schrade[67] an Romain Rollands *Vie de Beethoven,* dem Fanal des französischen Beethoven-Kults der Zeit vor 1914, zwei Aspekte heraus: Einerseits habe Rolland durch Beethoven (mit den Worten Schrades, S. 67) zur Besinnung rufen wollen auf »das Leben, dessen Sinn sich in dem Leiden erfüllt und das nie anders sein kann, und die Kraft, das Leiden zu ertragen«, anderer-

---

66 Halm, einerseits: »Kläglich und armselig« sei die Deuterei in Richtung von »Schmerz und Trost, Aufschwung und Müdigkeit, Siegerlust und Untergang, Streben und Vergeblichkeit« (S. 31). — Andererseits: Irrtümlich und als Zeichen von Müdigkeit wende man sich von Beethoven zu Mozart zurück: »Man ist es müde geworden, sich packen, ergreifen, schütteln und erschüttern zu lassen« (S. 53); die »in Beethovens Musik investierte Kultur« ist »ein beständiges Siegen« (S. 335).

Riezler, einerseits: »Leider ist aber die Aufgabe, den seelischen Gehalt eines Musikwerks aus der Sprache der Musik in die des Worts zu übersetzen, schlechterdings unlösbar« (S. 72). — Andererseits: »... den spannungsreichen Akzenten des ersten [Satzes der Sonaten steht gegenüber] der gelöste Jubel des letzten« (S. 86, zitiert nach der 8. Auflage 1962; vgl. auch S. 66 der vorliegenden Abhandlung).

67 *Das französische Beethovenbild* ..., 1937 (s. Anm. 63).

seits sei bereits Rollands Beethoven »politisch in dem Sinne, daß von Beethoven eine Erneuerung des persönlichen und des geistigen Lebens der Nation erwartet wird« (S. 69), woraus dann bei Georges Pioch Beethoven zum Symbol wurde für »alle die Hoffnungen, die die Revolution nicht erfüllen konnte« (S. 86).

Bei dem Rezeptionsmaterial ist allerdings zu unterscheiden zwischen den spontanen, den durchreflektierten und den bloß topischen Äußerungen und Urteilen sowie nach Motivation und Niveau zwischen der kompositionsanalytischen, der künstlerisch dogmatischen oder apologetischen, der wissenschaftlich explizierten, der politisierenden, der festrednerischen, der journalistischen usw. Publikation. Aber auch durch die Motivationen hindurch und gleichermaßen in den verschiedensten Schriftgattungen, bis hin zu den abgelegensten Detailuntersuchungen und trockensten Analysen sind die Deutungskonstanten zu finden. Dabei kann das Rezeptionsbewußtsein überdies weit stärker durch ein Feuilleton als durch Abhandlungen in Fachzeitschriften repräsentiert sein und beeinflußt werden.

Konkret sei das Verfahren der Verzettelung hier noch am Beispiel des Begriffsfeldes *Inbegriff* demonstriert. Unter diesem Titel können subsumiert werden zum Beispiel:

Robert Schumanns Einschätzung Beethovens als »Deutschlands erhabenster Künstler, der oberste Vertreter deutschen Wortes und Sinnes« (*Monument für Beethoven*, 1836 [Eusebius]);

Richard Wagners Intention, ihn »als den wahren Inbegriff des Musikers uns vorzuführen« (*Beethoven*, 1870, IX, S. 79);

Ludwig Nohls Apostrophierung Beethovens als »der größte und originellste Meister ihres [der Musik überhaupt] besonderen Wesens« (*Die Beethoven-Feier und die Kunst der Gegenwart*, 1871 [s. o. S. 37], S. 2);

die Bedeutung Beethovens für das geistige Frankreich zu Anfang des 20. Jahrhunderts, wie sie Leo Schrade zusammenfaßt: »Er ist Vorbild, Wegweiser, der neue Gott, Prophet, der größte Mensch, er ist die Offenbarung, die Zukunft, das Gebot der Stunde, und alles zugleich« (*Das französische Beethovenbild*, 1937 [s. o. Anm. 63], S. 61);

Dietrich von Hildebrands Apotheose: »... wenn irgendwo wir den letzten tiefen Ernst der Schönheit klar erkennen können und die eigentliche Mission der Kunst: ihre von Gott kündende und zu Gott führende Stimme, so in den Werken dieses größten aller künstlerischen Genien aller Zeiten und aller Länder: Ludwig van Beethovens (*Der Geist L. van Beethovens*, 1935 [s. o. Anm. 18]);

Hans Pfitzners Behauptung: »Was Beethoven geschieht, geschieht der Musik überhaupt« (*Die neue Ästhetik der musikalischen Impotenz,* 1919, zitiert nach: Ges. Schriften II, Augsburg 1926, S. 161);

Herbert Birtners Urteil: »Seit Wagner und Nietzsche ist die Frage nach Beethoven ... identisch mit der Frage nach Musik überhaupt und zugleich die Frage nach unserer musikalischen Existenz geworden« (*Zur Deutschen Beethoven-Auffassung seit Richard Wagner*, in: *Beethoven und die Gegenwart*, 1937, a.a.O., S. 40);

Hermann Aberts Aussage: Beethovens »sittliche Selbsterziehung hat an Größe und innerer Wahrheit in der Kunstgeschichte nichts ihresgleichen« (*Beethoven*, Die Musik XIX, 1926/27, S. 387);

Paul Stefans Prophezeiung: »Solange diese Erde Musik trägt, wird sie es in seinem Geist und in seinem Namen tun« (Musikblätter des Anbruch, IX/3, 1927);

Wilhelm Furtwänglers Überzeugung: »Durch Niemanden wird Gewalt und Größe deutschen Empfindens und Wesens eindringlicher zum Ausdruck gebracht« (Geleitwort zu R. Riezlers *Beethoven*, Berlin und Zürich 1936);

Georg Kneplers Schlußsatz seines Beethoven-Kapitels: »Einen größeren Komponisten als Beethoven hat die Menschheit nicht hervorgebracht« (*Musikgeschichte des 19. Jahrhunderts*, Bd. II, Berlin 1961, S. 590);

Jean und Brigitte Massins Frage: »Warum wird so oft behauptet, die Musik Beethovens sei die ›menschlichste‹ aller Musik?« (*Beethoven*, französisch Paris 1967; deutsch München 1970, S. 649);

bis hin zu Theodor W. Adorno: »... Beethovens Musik, die höchste, ...« *(Einleitung in die Musiksoziologie*, rowohlt-Ausgabe 1968, S. 229).

»Wie erhebt sich das Herz, wenn es dich, Unendlicher denkt! Wir ahnen gewiß, daß noch Herrlicheres erscheinen wird, aber das ist Wunsch und nicht Werk, und so schäumt unsere Seele zu den Sternen auf in dem ersten rauhen, sturmgepeitschten sprechenden Meer dieser Musik« (Ernst Bloch, *Geist der Utopie*, 1918, zitiert nach der bearbeiteten Neuauflage der zweiten Fassung von 1923, Gesamtausgabe im Suhrkamp Verlag, Bd. III, Frankfurt a. M. 1964, S. 84).

Zum Stichwort *Uneingeschränkte Gültigkeit* gehören nach 1945 Feststellungen wie: »Beethoven ist heute so unbezweifelt wie je« (W. Oehlmann, in: Das Musikleben V, 1952, S. 151), oder »Die ungeheure Durchschlagskraft, die Beethovens Musik bis auf den heutigen Tag besitzt und die seine Vorrangstellung in unserer gesamten Musikpraxis mitbegründet, ist ein Phänomen« (A. Erfurth, in: Das Musikleben IV, 1951, S. 315).

Im Rahmen der Konzeption vorliegender Studie kann und soll diese Zusammenstellung von Zitaten zunächst nichts anderes besagen, als daß Beethoven von der Zeit nach seinem Tode bis heute als ein *Inbegriff* galt. Nur in diesem Sinne von Konstanz können die nach Herkunft, Perspektive, Begründung usw. verschiedenen Äußerungen aus ihrem Kontext herausgelöst und dem Titel jenes Begriffsfeldes zugeordnet werden. Unmittelbar aus den Zitaten geht bei Schumann und Furtwängler ein nationales bzw. nationalistisches Moment hervor. Und das Ganze könnte relativ leicht in die Nähe des Begriffsfeldes ›Klassik‹ (im Sinne von Vorbildlichkeit, Verbindlichkeit, Autorität, unmittelbarer Gegenwärtigkeit) gerückt werden.[68] Im übrigen jedoch sind besonders Wagners und Adornos Motivationen der Inbegrifflichkeit Beethovens äußerst komplex und verschiedenartig. Doch gemeinsam ist bei beiden die absolute Vorrangstellung Beethovens (zur Explikation eines progressiven Aspekts der Geschichte). Die Inbegrifflichkeit Beethovens ist — wie auch immer begründet — in ihrer Konstanz das Zeichen einer durchgängigen, geschichtlich vielschichtig prädeterminierten Bewußtseinslage und verliert ihre Selbstverständlichkeit, das Harmlose, erst im Zusammenhang mit den anderen Begriffsfeldern, in deren System sie unlösbar integriert ist.

---

68 Hierzu vom Verf., *Beethoven und der Begriff der Klassik*, in: *Bericht über das Beethoven-Symposium Wien 1970*, Wien (Österreichische Akademie der Wissenschaften) 1971. — Wiederabdruck in diesem Band S. 135ff.

Die Ausführung unseres Konzepts stellt die Aufgabe, die Rezeptionsbegriffe, wo immer sie auftauchen, aus ihrem konkreten Kontext herauszuschälen, sie durch ihre Variationen und Metamorphosen hindurch je auf ihren thematischen Kern zurückzuführen und sie unter dem Blickwinkel der Konstanz einerseits bis in die Gegenwart, andererseits zurück bis in die Beethoven-Zeit zu verfolgen, um sie zugleich als System einer Begrifflichkeit zu durchschauen und zu interpretieren. Dabei wird — wie am Beispiel *Leidensnotwendigkeit* gezeigt — immer wieder zu fragen sein, inwieweit Beethoven selbst jene Rezeptionsbegriffe initiiert hat, und diese Frage ist zu stellen sowohl auf der verbalen Ebene der Briefe, persönlichen Aufzeichnungen und Berichte[69] als auch und vor allem seitens der Kompositionsart Beethovens, der kompositorischen Struktur seiner Werke und ihres Gehalts, der im Rahmen dieser Studie allerdings nicht von deren Verfasser analytisch zu befragen, sondern auch hier aus dem Rezeptionsmaterial, nämlich aus den bisher vorliegenden Kompositonsanalysen abzulesen ist.

Bei der Auswertung der Briefe und Aufzeichnungen Beethovens, der Herausnahme einzelner Sätze oder Wendungen aus dem Zusammenhang, ist nicht nur der Kontext, sondern auch der Zeitpunkt und Adressat, der gegebenenfalls bewußt gewählte Ton und Stil eines Dokuments ebenso zu berücksichtigen, wie das Gesamtgefüge der Sprache Beethovens, die ihrerseits — bei aller Spontaneität, durch die sie sich auszeichnet — als Sprache seiner Zeit zu durchschauen ist.[70] Einerseits werden manche Äußerungen Beet-

---

[69] Über Beethovens Verhältnis zur zentralen Frage der *Erlebensmusik* (genauer: der durch Inhalte, Ideen, bestimmte Vorstellungen determinierten Musik) vgl. die Arbeiten von A. Forchert, *Studien zum Musikverständnis im frühen 19. Jahrhundert, Voraussetzungen und Aspekte der zeitgenössischen Deutung instrumentaler Musikwerke*, Habilitationsschrift Berlin (FU) 1966 (maschr.), bes. S. 192ff., und K. Kropfinger, *Untersuchungen zur Beethovenrezeption Richard Wagners*, Diss. Bonn 1971 (maschr.), S. 56ff.

[70] Eine interpretatorische Arbeit fehlt; sie wäre erst nach einer wissenschaftlichen Ausgabe der Briefe und Aufzeichnungen sowie der verbalen Beischriften in Kompositionen und Skizzen und nach Abschluß der Edition der Konversations-

hovens ihre Ambivalenz nicht los, andererseits bedeutet angesichts der Sparsamkeit, mit der Beethoven über seine Kunst sich äußerte (zu schweigen von den vorsätzlichen Sortierungen und den Zufälligkeiten des Erhaltenen), die Fehlanzeige hinsichtlich eines Rezeptions-Titels oder -Stichworts noch keinen Beweis. Selbst dort, wo Beethoven in seinen Äußerungen etwa über Religion und Natur als Katholik (im Sinne der katholischen Aufklärung seiner Zeit)[71] und positiver Christ erscheint[72], kann das kompositorische Denken, die ästhetische Realisation des Subjekts, einen anderen Aspekt bekunden und auslösen.

Zur zentralen Frage der Initiierung der Rezeptionskonstanten durch die Kompositionsart Beethovens, des Ab- oder Herauslesens jener Begriffsfelder der Rezeption aus seiner Musik als deren Gehalte, ist in unserem Zusammenhang wiederum die Geschichte der Rezeption einzusehen, auch die einzelner Gattungen und Werke. Nicht ohne weiteres auszumachen ist, ob hierbei die analytisch nachgewiesene Aussage mehr Gewicht hat als eine solche, die (wie z. B. oft bei Richard Wagner) die analytische Beweisführung nicht mitteilt oder die aus dem bloßen Hörerleben einen Eindruck spontan beschreibt (wie z. B. die Äußerung Engels' 1841, s. o. S. 34f.). Sofern sich jedoch herausstellt, daß auch die analytische Arbeit in der Wahl ihrer Beschreibungswörter und — wo zur Sprache gebracht — in ihrer deutenden Interpretation durchgängig in die Konstanten sich einpendelt, könnte das Unbehagen an ihnen zu einer analytischen Interpretation auffordern, die einerseits nicht in der bloß technologischen Beschreibung und »rein musikalischen« Sinnerschließung steckenbleibt oder an Beethoven eine Problemge-

---

hefte zu leisten. Erforderlich ist auch eine vollständige Sammlung der von Beethovens exzerpierten und in seinen Leseexemplaren von ihm angestrichenen Stellen. — Wie oft werden Beethovens Äußerungen in fragwürdiger Weise isoliert »benutzt«!

71 A. Schmitz, a.a.O., Kap. VII.
72 W. Kahl, *Zu Beethovens Naturauffassung,* in: *Beethoven und die Gegenwart, Festschrift für Ludwig Schiedermair,* Berlin und Bonn 1937.

schichte des Komponierens expliziert und andererseits nicht selbst in die Rezeptionssprache zurückfällt, von der sie sich kritisch distanziert — ein Ausweg, der im Rahmen dieser Abhandlung nicht ausprobiert werden kann, zu dessen Erprobung jedoch nachdrücklichst aufgefordert sei.

Als Beispiel für die immer wieder zu beobachtende Tatsache, daß die oft unreflektiert gewählten Beschreibungswörter der Werkanalyse auch ihrerseits die Begriffsfelder der verbalen Beethoven-Rezeption als konstant bestätigen, sei Hugo Riemann genannt. Bei der »formal-technischen Analyse« des Schlußsatzes der f-Moll-Klaviersonate op. 2,1 z. B. gebraucht er folgendes Vokabular[73]: »einherbrausen«, »grell flackern«, »kurzatmig«, »rastlos«, »aufregend«, »hastig drängend« — »bittend«, »beschwichtigend«, »beruhigend«. Und wo Riemann gleichwohl bei generellen Äußerungen Zurückhaltung übt, wird er — durchaus nicht im Widerspruch zu jenen (vielleicht unbewußt, jedenfalls unreflektiert gebrauchten) Vokabeln — von anderen, so auch von Alfred Einstein ergänzt, der ab der 10. Auflage (1922) von Riemanns *Musiklexikon* in dessen Artikel über Beethoven den Passus einfügte: »In ihm war die wildeste Urkraft, die gefährlichste Fülle an Ungebändigtem, Triebmäßigem, Chaotischem lebendig: die Macht, mit der er dieser drängenden und sprengenden Kräfte Herr geworden ist ..., begründet seine einsame Stellung als Künstler.«[74]

Anders verhält es sich dort, wo — wie z. B. in Hans Mersmanns *Beethoven*[75] — im Einklang mit der Deutung Beethovens (»Er kannte den Schmerz. Und er gestaltete ihn«, S. 23) jene Beschreibungssprache, die beständig die Rezeptionsfelder *Erlebensmusik*, *Leidensnotwendigkeit*, *Wille*, *Überwindung* umschreibt, auch in bezug aufs konkrete Werk bewußt gebraucht wird: »Die letzte

---

73 H. Riemann, *L. van Beethovens sämtliche Klavier-Solosonaten, Ästhetische und formal-technische Analyse mit historischen Notizen*, 3 Teile, Berlin 1918—1919, ⁴1920, zitiert nach der 2. Auflage 1919, I, S. 107—109.
74 Zur Fortsetzung dieses Einschubs vgl. oben S. 54.
75 H. Mersmann, *Beethoven, die Synthese der Stile,* Berlin o. J. [1921].

Rückkehr zum Anfang führt zur Katastrophe. Über der singenden Linie des Themas im Cello wächst blitzartig aufzuckend, dann in zermalmender Wucht die Gegenkraft der Violinen. Unter ihr zerbricht das Thema ... In plötzlichem Aufschrei bricht der Satz zusammen ...« (S. 27, über den langsamen Satz des Streichquartetts op. 18,1).

Zu beobachten ist jedoch, daß auch entgegen den erklärten Intentionen der Autoren jene konstante Deutungssprache über Beethoven sich bei der Analyse seiner Werke immerfort durchsetzt, — wie unausweichlich vom musikalischen Objekt diktiert. Hierfür sei die bekannte Beethoven-Monographie von Walter Riezler als Beispiel angeführt.[76] Dieses Buch verfolgt das heute ebenso verbreitete wie in seiner Einseitigkeit fragwürdige Konzept von der »Autonomie« der Musik: Musik bleibe »immer Musik und nichts anderes«. Deshalb sei »alles Reden über Musik, das deren Ausdruck in Worte übersetzen will, zwecklos« (S. 11). Da Musik »ihren Sinn in sich selber« habe (S. 84), könne deren Analyse »nur dies« leisten: daß sie die »inneren Zusammenhänge« bewußt macht und sich dabei »auf die musikalischen Tatbestände beschränkt« (S. 72). — Nicht nur jedoch quillt die traditionelle Beethoven-Deutung auch bei Riezler im vorgespannten Teil über das Leben mächtig hervor, hier zwar vom Werk isoliert und doch als Initium des Buches dem Leser sich einprägend (»... der Verzweiflungsausbruch ..., der Aufschrei ...«, S. 35), und nicht nur versammeln sich auch im Teil über »Beethoven und die absolute Musik« die vertrauten Rezeptionsbegriffe (»dämonischer Genius«; »ethisch gerichtete Kraft seines gestaltenden Willens«; man glaubt, »die Menschheit klagen zu hören«; »Abgrund des Schreckens«, »drängender Ausbruch«, »dieses Toben«; »Beethoven steht inmitten des Kampfgefildes der menschlichen Leidenschaften, kämpft selber mit«; »und der ›Welthintergrund‹ wird sichtbar«, — so daß »ein sterblicher Mensch ... als Schöpfer dieser Werke kaum noch vorstellbar ist«, usw.), son-

---

76 W. Riezler, *Beethoven*, Berlin und Zürich 1936, zitiert nach der achten, teilweise umgearbeiteten und wesentlich erweiterten Auflage, Zürich 1962.

dern auch in der als Anhang beigegebenen Musteranalyse des ersten Satzes der *Eroica* erscheinen die Gehalte dieser »absoluten« Musik im Sinne aller Beethoven-Analysen, die je ein Gehaltliches zur Sprache gebracht haben: »›heroischer‹ Charakter«; »pochen« und »drängen«; es »erhellt sich das Zwielicht nur scheinbar«, doch bald ist dies überwunden«; »Drang« und »Wucht«, — »und dieser Anstieg im gebrochenen Dreiklang [T. 29ff.] wird nun zweimal gleichsam mühevoll wiederholt ..., als gälte es, die Höhe wieder im Kampf zu erobern. Es ist, als ob die Musik sich hier durch einen Engpaß hindurchzuzwängen hätte, um dann endlich in freiem und raschem Ansturm [T. 35—36] die volle Höhe zu gewinnen.«

Diese Beobachtungen und Feststellungen sollen hier — überflüssig zu betonen — weder etwas gegen Beethoven noch etwas gegen Riezler besagen, sondern lediglich jenen Tatbestand erfassen, der die Vermutung nahelegt, daß die Rezeptionsbegriffe in ihrer konstanten Substanz auch analytisch nur im Irrtum gegen Beethoven zu überwinden sind. Im Blick auf die Artikulation der Begriffsfelder in der kompositionsanalytischen Rezeption sei hier noch die Beschreibungssprache einiger Beethoven-Analysen der jüngsten Zeit untersucht.

Diether de la Mottes Analyse des zweiten Satzes von Beethovens Klaviersonate op. 10, Nr. 3[77] ist ein Beispiel für das sporadische Auftauchen gehaltlicher Interpretationswendungen, die im Gewebe des Analysetextes keine Fäden bilden, sondern die erscheinen und verschwinden nach einem nicht aufzufindenden Schlüssel. Unversehens kippt schon die Beschreibung der ersten neun Takte in Gehaltsinterpretation um: »Seltsamer Schatten einer Kantilene; lebensabgewandte, abgrundtiefe Trauer; dreimaliges Mißlingen beim Versuch rhythmischer Verlebendigung« (S. 49). Während dann weiterhin das Kompositionsgefüge nach Materialzusammenhang, metrischen Verhältnissen usw. detailliert besprochen wird, bleibt

---

[77] D. de la Motte, *Musikalische Analyse, mit kritischen Anmerkungen von C. Dahlhaus*, Kassel 1968, S. 49ff.

die Aussage über die »abgrundtiefe Trauer« vergessen. Erst drei Seiten später, bei der Beschreibung des F-Dur-Abschnitts (T. 30ff.) tritt, wiederum sporadisch, Gehaltlichkeit hervor: Das »machtvolle Anwachsen« der Achtel-Tonrepetition zur Vierklangs-Repetition »wird um so unaufhaltsamer, um so bedrohlicher«, als hier (im Unterschied zu T. 1—9) die melodische Linie außerhalb des Achtelflusses liegt; »so ist jetzt nichts mehr in der Lage, das Unheimliche aufzuhalten, zu bändigen« (S. 52). »Nach dem zum Satzanfang [T. 1—9] stark konstrastierenden ›erlösten‹ Beginn der Takte 30—32 wird die Hoffnungslosigkeit des Versuchs in den Takten 33—34 geahnt (Rückfall ohne melodischen Hinzu-Gewinn) und in den zwischen es' und cis' verbohrten Halbtonschritten T. 35 vollends quälend deutlich« (S. 53). »T. 36 ist tatsächlich der Beweis gewonnener Übermacht: Die weiterlaufenden Achtel ›überleben‹ die Kantilene und beherrschen das Geschehen bis zur Vernichtung der letzten noch spürbaren melodischen Kräfte« (S. 52f.).

Im Zusammenhang unserer Fragestellung (die ja nicht auf Analysemethoden sich richtet) ist weniger von Belang die hier auftretende Kluft zwischen einerseits dem sporadischen, unreflektierten Ansprechen von Gehalten und andererseits der durchreflektierten »Takt für Takt-Analyse« des musikalischen Satzes; vielmehr interessiert die Beobachtung, daß die gehaltlichen Interpretationswendungen auch hier sich einordnen in die tradierten Rezeptionsbegriffe und sie als konstant bestätigen: *Erlebensmusik* (durchgängig), *Leidensnotwendigkeit* (»Trauer« — »erlöst«) — Erleben und Leiden, Versuchen und Mißlingen, Bedrohung und Untergang in Umschreibungen wie: »machtvolles Anwachsen«, »das Unheimliche« — »bedrohlich«, »quälend«, »verbohrt« — »Hoffnungslosigkeit«, »Vernichtung«. Es ist, als sei seit E. Th. A. Hoffmann kein Tag vergangen: Beethovens Musik »bewegt die Hebel des Schauers, der Furcht, des Entsetzens, des Schmerzes ...« — »rastloser Flug« der »Bilder, in denen Freude und Schmerz, Wehmut und Wonne neben- und ineinander hervortreten«.[78]

---

78 Siehe oben S. 42ff.

Ebenso sporadisch taucht — um noch ein anderes Beispiel zu nennen — die Gehaltsbeschreibung auf in Wolfgang Osthoffs Besprechung von Beethovens c-Moll-Klavierkonzert[79], z. B. (S. 16) in bezug auf die Solokadenz des 1. Satzes: »Noch einmal unternimmt der Themenbeginn als Ganzes einen gleichsam verzweifelten Versuch, sich durchzusetzen ...« usf., wobei hier die Tonbildungen selbst wie handelnde und erlebende Subjekte angesehen werden. Noch genauer erweist sich rezeptionsgeschichtlich der Stillstand der Zeit, wo Gehaltsurteile der Beethoven-Zeit eingeblendet und übernommen werden, z. B. (S. 18) ein Urteil Carl Czernys über den Beginn des 2. Satzes: »... das ganze Thema muß wie eine ferne, heilige und überirdische Harmonie klingen«.

Man kann nun allerdings die Frage nach dem Gehalt der Musik Beethovens grundsätzlich als verfehlt ansehen, da musikalische Gehalte, wenn überhaupt vorhanden, so doch nicht verbalisierbar seien, und dementsprechend kann die wissenschaftliche Frage an Beethovens Musik von vornherein so gestellt sein, daß sie die Gehaltsfrage ausschließt.

Dies ist der Fall in Ludwig Finschers ausgezeichneter Studie über Beethovens Klaviersonate op. 31,3[80], wo plausibel gemacht wird, daß Beethoven mit dieser Sonate die eigene musikalische Vergangenheit der Sonatenkomposition reflektiert, um sich von ihr zu lösen; hier wird — musterhaft — Stilgeschichte beschrieben und erklärt, ein Werk als Durchgangsstation kompositorischer Problemstellungen befragt. Aber was diese Sonate als überdauerndes Opus für sich selbst ist oder für den Hörer, der ihr Kompositionsproblem nicht kennt, das wird nicht erörtert. Dafür allerdings ist die Beschreibungssprache hier rein von jeder Anspielung auf musikalische Gehalte (vom Gebrauch »schmückender Beiwörter«, wie es

---

79 W. Osthoff, *Ludwig van Beethoven, Klavierkonzert Nr. 3 c-Moll, op. 37,* = Meisterwerke der Musik, Werkmonographien zur Musikgeschichte, hg. von E. L. Waeltner, Heft 2, München 1965.
80 L. Finscher, *Beethovens Klaviersonate op. 31,3. Versuch einer Interpretation*, in: *Festschrift für Walter Wiora*, Kassel 1967.

S. 385 heißt) — bis auf eine einzige Stelle (S. 390): Wie diese Sonate das Gewohnte und Erwartete verschleiere, aufhebe und umkehre, so seien auch die ersten 8 (nach Finscher: die ersten 16) Takte des 1. Satzes kein ›Thema‹, sondern eine bloße Motivgruppe, »die durch den starken Kontrast auch der Motiv-Charaktere — des Gestus der Nachdenklichkeit, des Drängens, der kapriziösen Volte — weiter geschwächt wird«. Hier also kommt, als ein Argument für die kompositionsgeschichtliche Stellung des Werkes im Schaffen Beethovens, der Gehalt mit ins Spiel — wenn auch nur in Parenthese. Aber dieser Blitz aus der anderen Welt bleibt vereinzelt. Jene Beschreibungswörter, die vor allem in ihrem Mittelpunkt, dem »Drängen«, ins Prinzipielle aller bisherigen Beethoven-Rezeptionssprache sich einfügen und die, konsequent durchgeführt, diesen Sonatensatz womöglich noch in einer ganz anderen Schicht seines Daseins erfassen und erklären könnten, bleiben ohne Folgen — ausgesprochen und stehengelassen. Wobei gefragt sei, ob an Finschers Studie nicht einfach deren Untertitel irreführend ist, d. h. ob hier in der Tat vom Versuch einer »Interpretation« gesprochen werden kann.

IV

Reprise: Überwindung

Zentral ist in der Geschichte der Beethoven-Rezeption das Begriffsfeld, dem wir den Titel *Überwindung* gegeben haben: Beethovens Musik ist in ihrem Gehalt und Sinn der Inbegriff für die Überwindung des Leides in und durch Kunst. Und so könnten sämtliche Textstellen, die in der Exposition dieser Abhandlung unter dem Titel *Leidensnotwendigkeit* ausgeschüttet wurden, hier wiederholt werden. Indessen mögen einige Beispiele aus dem 20. Jahrhundert genügen, um noch einmal zu verdeutlichen, was gemeint ist:

Er war »ein Armer, Kranker, Einsamer — und doch ein Sieger!« (Romain Rolland, 1903 [Titel s. S. 38], S. 78);

»Aus dem Schmerz gebiert sich ihm die Freude« (Paul Bekker, *Beethoven*, 1911, zitiert nach der Auflage Stuttgart-Berlin 1922, S. 87);

»Zwei Grundzüge des Beethovenschen Wesens haben seiner Musik den ewigen Wert verliehen: die Überwindung des Schicksals und die Selbstüberwindung« (W. A. Thomas-San-Galli, *L. van Beethoven*, München 1913, S. 439);

»Ja Beethoven ist in der Überwindung alles nur ausdenkbaren Leides das gewaltigste Heldenbild ... Der große Ethiker ... Der Willensriese überwindet sich selbst« (F. Wengk, *Beethovens Weltanschauung*, Die Propyläen XVIII, 1921, S. 322);

»Beethoven hatte mehr zu überwinden und hat mehr überwunden als die meisten Künstler« (August Halm, *Beethoven,* Berlin 1927, S. 333);

»Er war der verkörperte Trotz« (Bernard Shaw, Berliner Börsen-Curier 27. 3. 1927);

»Der späte Beethoven ist uns der auf höchster Stufe angekomme Leidende am Leben, dem jetzt die gewaltigsten Gegenkräfte zuströmen, mit denen er es überwindet« (Ernst Bücken, *L. van Beethoven,* Potsdam 1934, S. 146);

Er ist bereit, »jeden Augenblick kämpfend gegen alle Widerstände loszuschlagen« (Arnold Schmitz, *Zur Frage nach Beethovens Weltanschauung und ihrem musikalischen Ausdruck*, in: *Beethoven und die Gegenwart, Festschrift für L. Schiedermair*, Berlin und Bonn 1937, S. 282);

»— Dissonanz als Hemmung und zu überwindender Widerstand unerschütterlich geglaubter Harmonie« (R. Benz, *Beethovens geistige Weltbotschaft*, Heidelberg 1946, S. 9);

»Gerade Beethoven hat uns durch die Kraft des Überwindens ein leuchtendes Beispiel gegeben« (Elly Ney, *Bekenntnis zu L. van Beethoven*, in: Elly Ney, *Ein Leben für die Musik*, Darmstadt 1952, S. 303);

»... die Gewalt seines Willens, wie sie sonst den Duktus seiner Musik selber prägt ...« (Theodor W. Adorno, *Verfremdetes Hauptwerk. Zur Missa Solemnis*, 1959, Wiederabdruck in: *Moments musicaux*, edition suhrkamp 54, Frankfurt a. M. 1964, S. 170f.);

»Beethoven ringt ... um ein ›Dennoch‹« (Willy Hess, *Beethoven,* Wiesbaden 1957, S. 7);

»Auch jetzt [in den drei letzten Schaffensjahren] muß in seiner Musik dargestellt werden, wie man Frieden und Glück erringt ... Die Trauer, die Niedergeschlagenheit müssen überwunden werden« (Georg Knepler, *Musikgeschichte des 19. Jahrhunderts*, Bd. II, Berlin 1961, S. 585);

»Es ist Auftrieb, Ermattung und Unglück, Verlorengehen, Argument und Sieghaftigkeit in dieser Musik, dicht hintereinander oder in großen Zügen gegeben ...« (Ernst Bloch, *Geist der Utopie,* Fassung 1964 [s. oben S. 62], S. 176);

»Und war es etwa nicht ›Kampf mit dem Schicksal‹, daß Beethoven in beharrlichem, anfangs verzweiflungsvollem Widerstand gegen sein Gehörleiden seine Mission als Schaffender durchführte?« (Ludwig Misch, *Blick auf die Beethovenforschung seit einem halben Jahrhundert* [1966], in: *Neue Beethoven-Studien ...*, Bonn 1967, S. 17);

»Seine Vollendung basiert auf Überwindung« (Karl Böhm, in: *Festschrift zum Internationalen Beethovenfest*, Bonn 1970, S. 91);

»denn wir feiern einen Sieger« (Grillparzer, *Rede am Grabe Beethovens bei der Enthüllung eines Denksteines,* Nov. 1827).

Zur Rezeptionskonstante *Überwindung* gehört, mit ihr durchweg — meist unausgesprochen — verkoppelt, das Stichwort *Ethos* als Umschreibung des vom Leiden ausgehenden sittlichen Wollens: die Kennzeichnung der Persönlichkeit Beethovens durch Apostrophierung des Willens und der Kraft zum Überwinden und die (in solcher Stärke bei keinem anderen Komponisten anzutreffende) Betonung des in diesem Sinne ethischen (sittlichen, moralischen) Grundzuges seiner Musik, in Ausdrücken wie »ethische Weltbewährung« (L. Nohl, 1877), »Moralismus in Tönen« (F. Nietzsche, 1880/81), »Befreiungskraft und sittliche Mächtigkeit« (E. Spranger, 1909), »das Durchwollte (E. Bloch, 1925), »ethisches Kämpfertum« (H. Abert, 1927), »die Kunst der Selbstbeherrschung, des Sichdurchringens« (W. Furtwängler, 1951).

»Auf Überwindung von Weg und Aufgabe ist [bei Beethovens 2. Satz von op. 13] die Aufmerksamkeit gerichtet, Abschnitt nach Abschnitt wird bewältigt. Über der (sinnlosen) ästhetischen Entzückung steht die (sinnvolle) sittliche Leistung« (Gustav Becking, *Klassik und Romantik*, in: *Kongreß-Bericht Leipzig 1925*, Leipzig 1926, S. 294);

Daß Beethoven die Musik »zur Trägerin und Vermittlerin ethischer Erkenntnisse gemacht hat, wie kein Musiker zuvor, das stempelt ihn zu einer der größten Erscheinungen in der neueren Kultur ... Seine sittliche Selbsterziehung hat an Größe und innerer Wahrheit in der Kunstgeschichte nicht ihresgleichen« (Hermann Abert, *Beethoven,* Die Musik XIX, 1926/27, S. 387);

»Eins ist gewiß: Beethoven verband mit Musik ein ethisches Ideal und setzte es durch« (F. Joachimson, in: *Beethoven in der Meinung der jungen Musiker / Eine Rundfrage*, 1927, Quelle s. oben S. 17);

»... man spürt dies ›Ethos des Heroischen‹ in jeder Note« (Hans Joachim Moser, *Zu Beethovens hundertstem Todestag*, 1927, Beethoven-Jahrbuch IV, 1930, S. 33);

»Zur natürlichen Bestimmtheit gehört bei Beethoven, und in einer einzigartigen Weise gerade bei ihm, der sittliche Charakter. Er war entschlossen, mit den Widerwärtigkeiten des Lebens fertig zu werden ...; er erwog alle wichtigen Wünsche und Entschließungen seines Lebens und künstlerischen Berufs ... unter dem Gesichtspunkt sittlicher Haltung und Tat« (Arnold Schmitz, *Zur Frage nach Beethovens Weltanschauung* ... [s. oben S. 72], S. 269);

»Er ist Mittler ethischer Werte in Tönen, gestaltet letztlich, um nach Goethes Wort den Hörer ›erhöht und verbessert‹ zu entlassen« (Erich Schenk, *Beethoven zwischen den Zeiten*, 1943, Wiederabdruck in: Erich Schenk, *Ausgewählte Aufsätze* ..., = Wiener Musikwissenschaftliche Beiträge VII, 1967, S. 119);

»Die unablässige Arbeit an sich selbst spiegelt sich in der sittlichen Grundhaltung seiner Werke« (Joseph Schmidt-Görg, Art. *Beethoven,* in: *Die großen Deutschen,* 2. Aufl., Bd. II, 1956);

»Die Überzeugung, daß man die Menschen dazu aufrütteln müsse, die Möglichkeit eines sittlichen Lebens zu erkennen und sich ihrer Pflicht bewußt zu werden, ist die moralische Kraft, die hinter seinem Werk steht« (Georg Knepler, *Musikgeschichte des 19. Jahrhunderts*, Bd. II, Berlin 1961, S. 569);

»Die Überzeugung, daß man die Menschen bewegen kann, den Wert eines von humanistischen Idealen und sittlichen Normen bestimmten Lebens zu erkennen und danach zu handeln — das ist die moralische Kraft, die Beethovens gesamtem Werk Inhalt und Form gab« (Willi Stoph, Rede 1970, s. Anm. 33).

Wo immer Beethoven, seine Musik und sein Leben und die Verbindung zwischen beiden, im Begriffsfeld des *Überwindens* rezipiert wird, sind — auch unausgesprochen — jene anderen Begriffsfelder und ›Stichwörter‹ präsent, die die Ursachen und die Folgen des Überwindens benennen. Überwinden ist ein Prozeß, der ein zu Überwindendes voraussetzt und einen neuen Zustand, die Überwundenheit, herbeiführt (nicht nur — ›romantisch‹ — herbeisehnt), ein wesenhaft dynamischer Vorgang, der durch *Leiden* ausgelöst wird, *erlebtes* Leiden (Gegensätze, Widerstände, Elend, Schicksal, Einsamkeit) zur Sprache bringt und *erleben* läßt, um auf das Leiden mit dem *Ethos* des *Wollens* zu antworten (dem ›Trotz‹, dem ›Dennoch‹, dem ›Lebens-Ja‹) und in einer Aktion des *Kampfes* (des Ringens) die *Überwindung* (Sieg, Freude, Hoffnung, Trost, Versöhnung) herbeizuführen.

Diese ›Titel‹ in ihrer Zusammengehörigkeit umschreiben das Beständige in der Beethoven-Rezeption, das alles Durchdringende, die homogene Grundschicht, in deren Mittelpunkt die Begriffstrias *Leiden — Wollen — Überwinden* steht. Alle in dieser Abhandlung bisher zitierten Stellen des Beethoven-Schrifttums gehören diesem Begriffsfeld-Gefüge zu oder berühren es; es taucht bald nach 1800 in einer bis dahin nie gehörten Rezeptionssprache spontan in bezug auf Beethoven auf (»wehmutsvoll« — »Ringen und Kämpfen« — »jauchzender Jubel« bei E. Th. A. Hoffmann, oben S. 45f.; »das Schmerzlichste« — »Titanenkämpfe« — »höchstes Entzücken« bei Wendt, oben Anm. 50), und seitdem gibt es kein Sprechen, das, wo es Beethoven zu erfassen, zu interpretieren, zu verstehen sucht, ohne diesen Ton ausgekommen ist.

Indessen kann auf eine weitere Ausschüttung des Verzettelungsmaterials hier verzichtet werden: In uferloser Quantität könnte jene Begriffstrias als das zentral Konstante der Beethoven-Rezeption bestätigt werden. Zugleich wäre der Beweis zu führen (— was im Rahmen dieser Abhandlung unterbleiben muß —), daß diese zunächst auf Beethoven bezogene, von ihm ausgelöste Rezeptionssprache sich alsbald auf die Musik überhaupt ausbreitete, für die Beethoven zum Inbegriff wurde, und daß von daher auch die Musik *vor* Beethoven: Mozart und Haydn, Bach und die Alte Musik, ihren in den Rezeptionsbegriffen sich spiegelnden Stellenwert erhielt: — Beethoven, »der Maßstab«, an dem »wir alles übrige maßen« (Busoni, oben S. 15), »Beethovens Musik, die höchste« (Adorno, oben S. 61).

Die Frage nach der Initiierung des Begriffsfeldes *Überwindung* durch Beethoven selbst, im Bereich des Verbalen, ist ähnlich zu beantworten wie beim Rezeptionsbegriff der *Leidensnotwendigkeit* (oben S. 40ff.): So wenig Beethoven es ausgesprochen hat, daß Leiden notwendig sei, damit Kunst entstehe, so wenig läßt sich aus seinen Äußerungen belegen, daß seine Musik vom Überwinden des Leides spricht. Indessen fand die Interpretation, die Beethovens Musik im Prinzip ihrer Aussage als Überwindungsmusik rezipierte, vielfältige Bestätigung im Biographischen, genauer: in der Art, wie Beethoven in seinen Briefen und Aufzeichnungen über sich selbst spricht. Es gibt keinen Komponisten, der stärker als Beethoven das Bedürfnis gehabt hat, über sein Leiden sich verbal zu äußern und zwecks Überwindung in schriftlicher Reflexion an sich selbst zu appellieren.

Nicht nur sind Aussprüche wie »ich will dem Schicksal in den Rachen greifen« (an Franz Gerhard Wegeler, 6. 11. 1801) nicht wegzudiskutieren, so strapaziert und abgegriffen, unbehaglich und bar jeder Information sie heute auch erscheinen mögen. Wesentlich ist, daß Äußerungen wie »ich bringe mein Leben elend zu« (an Wegeler, 29. 6. 1801); »O Gott, Gott, sieh auf den unglücklichen B. herab« (Aufzeichnung 1813); »Wo bin ich nicht verwundet, zerschnitten?« (an den Neffen Karl, 1825) in der Tat den Grundtenor von Beethovens Briefen und Aufzeichnungen bilden, dem hier, ebenso beständig, das verbalisierte Ethos der Bewältigung, des willentlichen Überwindens gegenübersteht: »Ich will ... meinem Schicksal trotzen« (an Wegeler, 29. 6. 1801); »Zeige deine Gewalt, Schicksal!« (Aufzeichnung 1816); »O harter Kampf!« — »... so mußt du es doch abtrotzen« — »O Gott! gib mir Kraft, mich zu besiegen!« (Aufzeichnungen 1812); »auch als Mensch sollt ihr mich besser, vollkommener finden« (an Wegeler, 29. 6. 1801), vollkommener im Sinne der »ewig unerschütterlichen Grundsätze des Guten« (an denselben, 7. 10. 1826). Und wesentlich ist, daß Beethoven der Relevanz solcher Verbalitäten für die Motivationen und Gehalte seines Schaffens verbal nicht widerspricht, sondern im Gegenteil sein Kunstschaffen nicht nur, wie erweisbar (oben S. 41), zwischen dem persönlichen Leiden und dem Glück, das die Kunst zu bieten vermag, ansiedelt, sondern auch — jedenfalls gelegentlich und andeutungsweise — im Sinne der *Erlebensmusik* die Töne mit der Seele verbindet: »Ich hoffe, Du lebst zufrieden ... Was mich angeht ..., mein Reich ist in der Luft, wie der Wind oft, so wirbeln die Töne, so wirbelt's auch in der Seele —« (an Graf Brunswick, 13. 2. 1814).

Die Summe von Beethovens eigener Sprache des Leidens, Wollens und Überwindens (»elend«, »unglücklich«, »verwundet«, »Schicksal«, »trotzen«, »Kampf«, »besiegen« — um hier nur die Wörter aus den eben zitierten Äußerungen zusammenzustellen) entspricht genau der Rezeptionssprache in ihrer konstanten Essenz.

Die Beethoven-Rezeption hat in ihrem Überwindungs-Vokabular nichts anderes getan als Beethovens Sprache über sich selbst aus seiner Musik abgelesen. Und sie tat dies spontan und durchgängig schon dort, wo ihr die Person und das Leben Beethovens noch nicht oder kaum bekannt waren und Beethovens Briefe und Aufzeichnungen noch nicht öffentlich vorlagen. Hörend und analysierend hat sie Beethovens Musik essentiell als *Erlebensmusik* aufgefaßt und dann — nur konsequent — nach dem Subjekt dieses Erlebens gefragt wie nach der Ursache dieser Musik. Und als sie die Biographie Beethovens und seine Sprache über sich selbst kennenlernte, hat sie — ebenso folgerichtig — den Erlebensgehalt seiner Musik als *biographischen Gehalt* konstatiert — das (wie Ambros es dann ausdrückte, s. oben S. 35) sich gegenseitig kommentierende Verhältnis von Tondichtung und Tondichter, die *Einheit von Leben und Werk*, die ebenfalls zu einer Rezeptionskonstante wurde.

Das Begriffsfeld *Erlebensmusik* ist exemplarisch umschrieben, wenn Wagner feststellt, daß »wir bei der Anhörung eines ächten Beethoven'schen Tonwerkes ... jetzt eine geisterhafte Lebendigkeit, eine bald zartfühlige, bald erschreckende Regsamkeit, ein pulsierendes Schwingen, Freuen, Sehnen, Bangen, Klagen und Entzücktsein wahrnehmen, welches Alles wiederum nur aus dem tiefsten Grunde unseres eigenen Inneren sich in Bewegung zu setzen scheint« (1870, IX, S. 87). Dies entspricht in den Erlebenswörtern, ihrer Intensität und Häufung, auch in ihrem Einmünden in die Überwundenheit (»... Klagen und Entzücktsein«) vollständig der Rezeptionssprache schon eines E. Th. A. Hoffmann, Amadeus Wendt oder Adolf Bernhard Marx und erscheint durchgängig auch in generalisierenden Aussagen, besonders extrem z. B. in den folgenden:

Beethoven, »der die ganze Skala des menschlichen Innenlebens beherrschte wie nur der gewaltigste Organist die Register seines Rieseninstruments« (Paul Natorp, *Beethoven und wir*, Marburg 1921, S. 30);

er »begreift in sich die ganze, runde, komplexe Menschennatur« (Wilhelm Furtwängler, *Die Weltgültigkeit Beethovens*, 1942, S. 185);

Im Mittelpunkt seines Schaffens stand »die künstlerisch gestaltende große Darstellung des Seelischen, innerer menschlicher Erlebnisse und Regungen« (Erich Schenk, *Beethoven zwischen den Zeiten*, 1943, Wiederabdruck [s. S. 74], S. 125);

»Nicht nur die großen Kontraste — alle die kleineren, zarten Gefühlwellen, das plötzliche Umbiegen einer ansteigenden Linie, die dumpfen Zuckungen verhaltener Leidenschaft, das unerwartete Nachlassen und Erlöschen einer hell angefachten Erregung, das zweifelnde Wogen der Stimmungen, das Schwanken und Zaudern, das Drängen und Stürmen — es ist eine unabsehbare Kette von Erscheinungen, die Beethoven aus dynamischen Mitteln allein hervorzuzaubert« (Paul Bekker, *Beethoven*, 1911, zitiert nach der Auflage Stuttgart-Berlin 1922, S. 95);

Was Beethovens Musik als »Ereignisform« ist, stammt »aus dem An- und Abschwellen der Erregung, aus Schwanken und Zaudern, Nachlassen, Erlöschen, Zweifeln, Aufsteigen und all den neuen dynamischen Ausdrucksmitteln eines sich wild hinstürzenden, sich rückhaltlos hingebenden, aussingenden, hinauswagenden Affekts ...«. Beethoven »treibt ruhelos, er läßt verloren gehen, um darin zu laden, er ballt still und unmerklich zusammen, um es später desto furchtbarer zu entzünden ... Er führt, zerrt, schickt hin und her ... Es glüht, und stampft ...; es ist hier ein namenloses Rufen, Warten, Klopfen, Eintreten, Ankommen, Zögern, überschwengliches Zusammen ...« (Ernst Bloch, *Geist der Utopie*, zitiert nach der Fassung 1964 [s. o. S. 62], S. 86 und 165f.).[81]

Und den Rückschluß von der *Erlebensmusik* Beethovens auf ihren *biographischen Gehalt*, die *Einheit von Leben und Werk*, vollzieht — hier ebenfalls nur exemplarisch genannt — Wagner an der gleichen Stelle (1870, IX, S. 87): Um »das eigentliche Wesen der Beethoven'schen Musik besprechen zu wollen«, wird »uns zunächst immer wieder der persönliche Beethoven zu fesseln haben, als der Fokus der Lichtstrahlen der von ihm ausgehenden Wunderwelt«.

»Des Lebens Stacheln hatten tief ihn verwundet, und ... so floh er in deinen Arm, ... des Leidens Trösterin ...« (Grillparzer, 1827, s. oben S. 46);

---

81 Zu Blochs Hohn über die »Musikpoesie« (»in der *Musikführer* Zaubersprache«) ebenda S. 141.

»Was in der ... Brust des Menschen webt, ... hast ... du gekannt und durchgelebt, und ... durch die Kunst versöhnt, verklärt« (Johann Mayerhofer, 1827, s. oben S. 48);

»Eine Seele offenbart ihre letzten Geheimnisse. Eine Persönlichkeit, durchwühlt von elementaren Stürmen, läßt alle Schleier fallen und ruft ihr eigenes Erleben mit rücksichtsloser Offenheit der staunenden Menschheit entgegen« (Paul Bekker, *Beethoven*, 1911, Auflage 1922, S. 99);

»Alle die verschiedenen Gefühle und Stimmungen, die in der Brust dieses tiefempfindenden Mannes wogten, sprachen sich musikalisch aus« (W. A. Thomas-San-Galli, *L. van Beethoven*, München 1913, S. 438);

Beethovens Musik ist das Werk »eines an glühendem Erleben und Kämpfen überreichen Lebens« (Hermann Abert, *Beethoven*, Die Musik XIX, 1926/27, S. 388);

»Durch Leiden Freuden — das war das Schicksal seines Lebens; das ist der Sinn und Verlauf fast aller seiner Werke« (R. Benz, *Beethovens geistige Weltbotschaft*, Heidelberg 1946, S. 8);

Mit seinen Werken »hat Beethoven gesiegt, gesiegt auch über sein Leben« (Willy Hess, *Beethoven,* Wiesbaden 1957, S. 187);

»Mensch und Künstler bilden in Beethoven eine unlösbare Einheit« (Joseph Schmidt-Görg, Art. *Beethoven*, in: *Die großen Deutschen*, 2. Aufl., Bd. II, 1956);

»Seine Entwicklung als Musiker, Denker und Kämpfer und seine musikalische Entwicklung bilden eine untrennbare Einheit« (Willi Stoph, 1970, Quelle siehe Anm. 33).

Die Erlebenswörter in der Beschreibungssprache der Musik Beethovens sind jedoch nicht irgendwelche; sie schlagen von Anfang an und in bezug sowohl auf jedes »echte Beethoven'sche Tonwerk« als auch auf das aus ihnen abstrahierte »eigentliche Wesen der Beethoven'schen Musik« einen bestimmten Ton an, den der Überwindung im Sinne eines Prozesses, der Gegensätze hinstellt, um sie zueinander zu vermitteln, Widerstände aufbaut, um durchzubrechen. Die Beschreibungssprache (um ihr Konstantes nur an Wagners Formulierung nochmals aufscheinen zu lassen) reagiert auf die »Lebendigkeit« eines Beethovenschen Tonwerkes und definiert sie mit den Erlebenswörtern »Freuen, Sehnen, Bangen, Klagen und Entzücktsein«, das alles sich »in Bewegung« setzt, und zwar »aus dem tiefsten Grunde unseres eigenen Inneren«, und wobei die Reihenfolge der Erlebenswörter in ihrer Finalität nicht umkehrbar ist.

Die beiden Triaden: *Erlebensmusik, Biographischer Gehalt der Musik* und *Einheit von Leben und Werk* einerseits und *Leiden, Wollen* und *Überwinden* andererseits bedingen und fördern sich gegenseitig: Indem die Beschreibungssprache Beethovens Musik als Erlebensmusik erfaßt, definiert sie sie zugleich als Überwindungsmusik, und indem sie von Überwindung spricht, intensiviert sie das Erlebensmoment. Damit hängt es zusammen, daß beim Sprechen über Beethoven in einer zuvor noch nie gehörten und anhaltend extremen Weise das ›Subjekt‹ ins Spiel gebracht wird, das ›Menschliche‹ in seiner Subjektivität, der Begriff jenes ›Menschen‹, der als ›Individuum‹ vom Leiden betroffen ist und als ›Persönlichkeit‹ den Willen zur Überwindung aufbringt.

Sammelt man aus der Geschichte der Beethoven-Rezeption die Äußerungen, die das *Neue bei Beethoven* (auch das Besondere und Einmalige, auch die Begründung für die anhaltend unmittelbare Gegenwartsgeltung seiner Musik) umschreiben, so ergibt sich, daß sie im Kern ihres Besagens in der Regel in diese Richtung weisen, zum Beispiel:

Die Musik »hatte mit Beethoven eben erst begonnen, die Sprache des Pathos, des leidenschaftlichen Wollens, der dramatischen Vorgänge im Inneren des Menschen zu finden« (Friedrich Nietzsche, *Unzeitgemäße Betrachtungen*, Kröner-Ausgabe LXXI, S. 368f.);

»Beethoven bedeutet uns die Geburt der subjektiven Musik« (W. A. Thomas-San-Galli, *L. van Beethoven*, München 1913, S. 437);

»das Menschliche tritt mit Beethoven zum erstenmal als Hauptargument in die Tonkunst« (Ferruccio Busoni, 1920, s. oben S. 15);

»... er war der erste Mensch. Sein Verhältnis zur Musik war nicht unschuldig, es war wissend«; sein Orchester »sang eigensinnig des einzelnen Menschen Lust und Weh ...« (Hugo von Hofmannsthal, *Rede auf Beethoven*, 1920, s. oben S. 38);

Beethoven »als erster konnte mit vollkommener Deutlichkeit in Tönen sagen, was er litt« (Hans Mersmann, *Beethoven, die Synthese der Stile*, Berlin o. J. [1921], S. 30);

Beethoven war »der erste Mensch in der Musik« (Otto Bie, in: Berliner Börsen-Curier 27. 3. 1927);

Es ist »die erste Musik, die Alle angeht« (August Halm, *Beethoven*, Berlin 1927, S. 18);

»... Menschliches menschlich sprechend zu den Menschen« (R. Benz, *Beethovens geistige Weltbotschaft*, Heidelberg 1946, S. 7);

»Mit Beethoven tritt die Musik aus dem Bereich des Allgemeinverbindlichen in das des Subjektiven« (Hans Heinz Stuckenschmidt, in: Das Musikleben V, 1952, S. 151; wiederholt in: *Festschrift zum Internationalen Beethovenfest Bonn 1970*, S. 31f.);

»Laut und rücksichtslos hebt sich der Schrei des Beethovenschen Subjekts heraus ...« (Ernst Bloch, *Geist der Utopie*, zitiert nach der Fassung 1964 [s. oben S. 62], S. 87);

Er war »der erste Musiker ..., der sich selbst als Individuum in den Mittelpunkt seiner Musik rückt« (Jean und Brigitte Massin, *Beethoven*, französisch Paris 1967, deutsch München 1970, S. 646).

Die Umschreibung des Neuen bei Beethoven als des ›Subjektiven‹, das ›Individuum‹, den ›einzelnen Menschen‹ Betreffenden, und zugleich Allgemeingültigen, Menschheitlichen, hat zu ihrem Mittelpunkt, daß Beethovens Musik das *Leiden und Überwinden*, indem sie es zum Sinn der Kunst erhebt, öffentlich machte im säkularen Bereich der bürgerlichen Welt, die im Prozeß der Emanzipation des Individuums Leiden erlebt und (wo sie unromantisch bleibt) Überwindung will. Von hier aus wurde Beethoven zum *Inbegriff* (vgl. auch oben S. 60f.):

»zu einer der größten Erscheinungen in der neueren Kultur« (Hermann Abert, *Beethoven*, Die Musik XIX, 1926/27, S. 387);

zu »einem der größten Geister, die der Menschheit beschieden waren« (Erwin Ratz, in: *Festschrift zum Internationalen Beethovenfest Bonn 1970*, S. 71);

»... the greatest musician, perhaps the greatest artist, that ever lived« (*Encyclopaedia Britannica*, London 1955, Art. *Beethoven)*;

»... vielleicht noch vor Goethe der größte deutsche Name in der Welt« (Walter Riezler, Art. *Beethoven*, in: *Neue Deutsche Biographie* I, 1953);

— ein Komponist »der obersten Autorität ..., an Gewalt einzig der Philosophie Hegels vergleichbar und nicht minder groß zu einer Zeit, die seine geschichtlichen Voraussetzungen unwiederbringlich verlor« (Theodor W. Adorno, *Verfremdetes Hauptwerk. Zur Missa Solemnis*, 1959 [s. oben S. 72], S. 168f.).

Die Inbegrifflichkeit Beethovens deckt sich mit seiner Geltung als Höhepunkt und Vollendung der musikalischen Klassik — ›Klassik‹ als Epochenbezeichnung[82], die umschreibt, daß ein Abgeschlossenes, Zurückliegendes, in beständiger Gegenwärtigkeit unmittelbar fortdauert und darin seine Erstrangigkeit und Vorbildlichkeit, Überlegenheit und Größe erweist — und dies aufgrund der Einmaligkeit und zugleich höchstgradigen Allgemeinverständlichkeit, die sich einer in der Geschichte der artifiziellen Musik unwiederholbaren Situation verdanken, in welcher — als ›Klassik‹ — zur Vollendung gelangte, was die Musik (als ›artifizielle‹) ihrem Begriffe nach ist.

Ist die musikalische Klassik in solcher Vollendung, solcher Einmaligkeit und zugleich fortdauernden Gegenwärtigkeit, solcher Kunst und zugleich allgemeinverständlichen Sprachfähigkeit, die

---

82 Hierzu vom Verf.: *Beethoven und der Begriff der Klassik* (s. o. Anm. 68) — Wiederabdruck in diesem Band S. 135ff.

Darstellung des ›Menschen‹ (des ›spezifisch Menschlichen‹) in dem Sinne, daß hier die Musik (als artifizielle) den Menschen in Beziehung zu sich selbst setzt und in solcher Gehaltlichkeit zur vollkommenen Einigung mit dem rein Musikalischen, dem instrumental Begriffslosen ihrer sinnlichen Gestalt gelangte[83], so kennzeichnet die musikalische Artikulation von Leiden und Überwinden den im Rahmen der musikalischen Klassik vollzogenen Schritt von Mozart zu Beethoven, den Schritt von der Auffassung und Darstellung des Menschen in seiner Individualität (vor dem Hintergrund von Normen), zur Darstellung des Individuums, das (in Auseinandersetzung mit Normen) leidet und überwindet und in der künstlerischen Gestaltung des so begriffenen Menschen den Inbegriff von Kunst erblickt.

Von daher wurde Beethoven zur höchsten Autorität, zum Heros und Titan, zum Heiland und Erlöser, zum Fanal von Ethos, zum Inbegriff der Dynamisierung des Bewußtseins, zum Symbol einer leidenden und vom Willen zur Überwindung beseelten Menschheit. »Nichts in der ganzen Musik, die wir kennen, wenn es uns Beethovens Musik raubte, böte uns Ersatz für diese; verlören wir den Zugang zu Beethoven: keiner größeren, keiner jämmerlicher unverantwortlichen Verarmung könnten wir uns selber schuldig machen.«[84]

*

Indessen lassen sich in der Beethoven-Rezeption zwei verschiedene Richtungen der Auffassung des *Überwindens* verfolgen, zwei Arten des neuen Zustands der Überwundenheit als Ziel des vom Lei-

---

[83] Hierzu vom Verf.: *Versuch über die Wiener Klassik. Die Tanzszene in Mozarts »Don Giovanni«*, BzAfMw XII, 1972.
[84] A. Halm, *Beethoven*, Berlin 1927, S. 336.

den ausgelösten Prozesses: einerseits Überwindung im Sinne jenes Begriffsfeldes, dem wir den Titel *Transzendierung* gegeben haben, andererseits Überwindung im Sinne von *Utopie*.

Transzendierend reagiert auf Beethovens Musik z. B. die folgende Aussage, die einen Zustand der Überwundenheit umschreibt, bei dem Schmerz und Not als Schicksal und Weltgeschehen gedacht und überwunden, *überschritten* werden in Richtung auf das Ewige und Innere:

> »... tief ergreifend der Schmerz ..., entschlossen sein Wille, unvergleichlich der Heroismus in der Überwindung der Not des Schicksals; die Erhabenheit seiner unsterblichen Werke weist über alles Weltgeschehen ins Ewige und führt die Menschen zur Besinnlichkeit und zum inneren Frieden« (Elly Ney, *Bekenntnis zu L. van Beethoven* [s. o. S. 72], S. 307).

Utopisch andererseits reagiert z. B. die folgende Aussage, die einen Zustand der realen Überwundenheit von Leid umschreibt, den Beethovens Musik vorwegnimmt:

> »Sein Werk gipfelt in dem Zukunftsbild einer schöpferischen, von Ausbeutung und Unterdrückung freien Gesellschaft« (Rede des Vorsitzenden des Ministerrates der DDR, Willi Stoph, bei der konstituierenden Sitzung des Komitees für die Beethoven-Ehrung der DDR, in: Neues Deutschland, 28. 3. 1970).

Transzendierung und Utopie verhalten sich zueinander wie die vertikale Richtung des Überwindens nach Innen und Oben und die horizontale Richtung in die zukünftige Wirklichkeit, wie Menschenlos und Fortschritt der Menschheit, Friede der Seele und Friede der Welt, Erhöhung zu den Sternen und Aufruf zur Praxis — wie »Trost« und »Hoffnung« zwei scheinbar antithetische, jedoch in »Hoffnung und Trost« ineinandergewobene Momente[85], die die

---

85 »Tönt nicht wie eine holde Geisterstimme, die unsere Brust mit Hoffnung und Trost erfüllt, das liebliche Thema des *Andante con moto* in As dur?« (E. Th.

Wirkungsgeschichte Beethovens von Anfang bis heute durchgehend beherrschen.

Transzendierung wird hier verstanden als die Transplantation von Elend und Überwinden aus der verwandelbar determinierten Realität ins Immerwährende, ins Sein, ins Prinzip des Menschen, den Beethovens Musik in der Artikulation des Leidens widerspiegelt und in der Gestik des Überwindens in seinem eigenen Wollen bestätigt und erhöht, in der Richtung nach oben und innen erlöst, befreit und versöhnt. (Durch Beethovens Musik — »die Sprache eines höheren Lebens« — kommt »eine überirdische Kraft in den Menschen, so daß er sich in solchen Momenten der Bewohner einer höheren Welt zu seyn wähnen kann«, schreibt Wendt 1815, Sp. 401 und 352, s. oben Anm. 52; »... die in das Innerste dringenden Töne der Klage, sowie die das höhere Leben verkündenden Akkorde«, schreibt E. Th. A. Hoffmann 1813 in seiner Rezension der *Egmont*-Ouvertüre.)

Indem Beethovens Musik vom Leiden spricht, vom Willen und vom Überwinden, sagt sie als Kunst, was war und ist und ewig sein wird, Schicksal und Rachengriff, Menschenlos und Menschenwürde. Indem sie in der Dynamik und Finalität ihrer Struktur die Widerstände hinstellt, um gegen sie anzugehen und zu triumphieren, gibt sie uns Willen, macht sie uns ethisch, kosmisch, frei.

»Deß Sang uns irdischer Schranke entrückt, / Die Seelen erfaßt und hinaufzieht / Zu Regionen höheren Sein's. / ... Dank sei ihm ... / ... der uns über den Jammer der Zeiten / ... emporhebt« (Friedrich Hiller, *Prolog am Geburtstage Beethovens*, 17. Dez. 1850, in: Neues Beethoven-Jahrbuch III, 1927, S. 8f.);

»Wie sich aber freilich im Adagio [der Neunten Symphonie] alle Himmel auftaten, Beethoven wie einen aufschwebenden Heiligen zu empfangen, da mochte man wohl alle Kleinigkeiten der Welt vergessen und eine Ahnung vom Jenseits die Nachblickenden durchschauern« (Robert Schumann, *Fragmente aus Leipzig*, 1836/37, I, S. 315);

A. Hoffmann über Beethovens Fünfte Symphonie, in: *Beethovens Instrumentalmusik*, 1813).

Beethovens Musik bewirkt »Reinigung und Veredlung«, bedeutet »Blick in geistige Höhen und Tiefen, ... Freiwerden vom Elend, womit sich andere ... Menschen schleppen« (August Wilhelm Ambros, *Culturhistorische Bilder aus dem Musikleben der Gegenwart*, Leipzig 1865, S. 17);

Beethoven »lehrte uns neu an uns selbst glauben, indem er uns auf unser eigenes Innere verwies und zeigte, wie sich hier die Widersprüche und Leiden des Lebens lösen können« (Ludwig Nohl, *Die Beethoven-Feier und die Kunst der Gegenwart*, Wien 1871, S. 18);

»jeder Ton ... führt uns auf überirdischen Bahnen über die Mühsal des Lebens hinweg« (W. A. Thomas-San-Galli, *Ludwig van Beethoven*, München 1913, S. 439);

Was durch die Musik des späten Beethoven »hindurchschimmert, ist unmeßbar, transzendental, kosmisch« (Hans Mersmann, *Beethoven, die Synthese der Stile*, Berlin o. J. [1921], S. 43);

»Denn in Beethovens Kunst verkörpert sich gleichsam die metaphysische Situation der Menschheit überhaupt ... Nicht individuelle Spezialprobleme und Schwierigkeiten, nein d i e T r a g i k der Menschheit auf Erden überhaupt und andererseits das unbeschreibliche Glück der Menschheit in ihrer letzten Bestimmung ist es, wovon seine Kunst spricht« (Dietrich von Hildebrand, *Der Geist Ludwig van Beethovens*, 1935 [s. o. Anm. 18]);

»Einen Hut trug dieser Beethoven nicht mehr. Irgendwo und wann hatte er ihn verloren und nicht bemerkt, im Sturm seiner Bewegung, der inneren und äußeren. Er war eben meist ›in sich‹, und das war bei ihm ein ›Im-Allsein‹« (Metzer Zeitung [F. A. Zimmer], 16. 12. 1940);

Beethoven bereitet, über alle Unruhe hinaus, »das ferne, wahrhaft transzendente Glück« (W. Oehlmann, in: Das Musikleben V, 1952, S. 151);

Seine Musik ermöglicht es, »der Last und der ethischen Forderung, die das Individuumsein bedeutet, für Augenblicke ästhetisch entfliehen zu können ...« (Kurt Westphal, 1952, Quelle und Kontext s. oben Anm. 16);

»Trost und Milde strahlt das Seitenthema aus, aber es geht unter in der Tragik dieses ewigen Ringens der Menschheit gegen Erdenleid und Erdenschwere«. Beethovens Musik ist »ein Bild metaphysischer Wesenheiten«, Spiegelung »kosmischer Gesetze, ein geistiger Gesundbrunnen« für alle, die »sich sehnen nach geistiger

Kraft, beseelter Schönheit und dem Atem des Göttlichen« (Willy Hess, *Beethoven*, Wiesbaden 1957, S. 133 und 279);

Bei Beethoven geschieht »ein einmaliges Wunder in der Geschichte der Musik: Nähe und Ferne, Endlichkeit und Unendlichkeit, fühlender Mensch und Welt ... durchdringen sich und werden zu einer Einheit; ... und der ›Welthintergrund‹ wird sichtbar« (Walter Riezler, *Beethoven*, 8. Aufl. Zürich 1962, S. 105 und 107).

Transzendierung ist demnach ein gedoppelter Prozeß der ›Überschreitung‹ der Wirklichkeit: zum einen die Transplantation der Widersprüche und ihrer Aufhebung aus der determinierten Realität ins Wesen der Menschen, ins Prinzip der Menschheit, ins ›An sich‹ der Welt, zum anderen die Transformation dieser Transplantation ins Ästhetische der Kunst, das im Sinne jener Wesenhaftigkeit rezipiert wird.

Im Begriffsfeld, dem wir den Titel *Utopie* gegeben haben, reagiert die Beethoven-Rezeption in die Richtung zukünftiger Wirklichkeit, die in Beethovens Musik vorwegerscheint. Als Zukunftsbild, ästhetische Antizipation einer besseren Welt, läßt sie den Menschen glauben und hoffen und sagt ihm, was er tun soll in Richtung Nation, Gesellschaft, Menschheit. Ihr Wollen wird zu seinem Wollen und Handeln. Ihr Überwindungston ruft zur Praxis auf, zur Kritik und Veränderung, zur Befreiung und Erneuerung, zur Beseitigung der leidenden Unvollkommenheit in ihren Ursachen, zur realen Verwirklichung einer besseren Welt:

im Sinne der Hoffnung Richard Wagners, »daß unsere Civilisation ... nur aus dem Geiste unserer Musik, der Musik, welche Beethoven aus den Banden der Mode befreite, neu beseelt werden könne« (*Beethoven*, 1870, IX, S. 123);

in dem Sinne, daß Beethoven »als Symbol des Glaubens die Nation verjüngen« soll (Leo Schrade, *Das französische Beethovenbild* ... [s. o. Anm. 63], S. 81, in bezug auf R. Bouyer als Exponenten der französischen Beethoven-Bewegung um 1905);

im Sinne der Fähigkeit von Musik, »eine höher geartete Daseinsform ›durchscheinen zu lassen‹, ästhetisch zu antizipieren« (Harry Goldschmidt, *Zur Methodologie der musikalischen Analyse*, Beiträge zur Musikwissenschaft III,

1961, S. 29, in bezug auf Beethovens Quartett op. 95 und Mozarts *Kleine Nachtmusik*);

in dem Sinne, daß Beethoven »dem Traum von Freiheit zuerst den bewußten Ton fand« (Theodor W. Adorno, *Der dialektische Komponist,* 1934, Wiederabdruck in: *Impromptus,* Zweite Folge neu gedruckter Aufsätze, edition suhrkamp 267, Frankfurt a. M. 1968, ²1969, S. 44);

Beethovens Schlußsatz der Neunten Symphonie ist »die Marseillaise der regenerierten und brüderlichen Gesellschaften, die kommen werden« (Georges Pioch, *Beethoven,* 1909, zitiert nach Leo Schrade, *Das französische Beethovenbild* ... [s. o. Anm. 63], S. 86);

»Wir ehren in Beethoven den unerschrockenen Kämpfer für den Fortschritt, den großen demokratischen Patrioten, den herrlichen Künder der brüderlichen Verbundenheit der Völker und den leidenschaftlichen Botschafter des Friedens« (Staatspräsident Wilhelm Pieck in der Festansprache zur ›Deutschen Beethoven-Ehrung‹, Berlin 1952);

»Der Glaube an das ›Licht‹, an die Befreiung der Menschheit aus Tyrannei, war der Leitgedanke des Beethovenschen Schaffens« (Georg Knepler, *Musikgeschichte des 19. Jahrhunderts,* Bd. II, S. 532f.);

»... die moralische Kraft seiner Musik [ist] so stark, daß sie uns verbietet, uns mit der Feststellung unseres Daseins und Soseins zu bescheiden. Sie fordert, daß wir ... unsere Liebe in die Tat umsetzen« (Jean und Brigitte Massin, *Beethoven,* französisch Paris 1967, deutsch München 1970, S. 667).

Im Begriffsfeld Utopie durchkreuzt doppelt die Beethoven-Rezeption die gedoppelte Transzendierung: Im Zeichen Beethovens glaubt sie an die Verwandelbarkeit der das Elend determinierenden Realität, und aus diesem Glauben macht sie die Transformation des realen Leidens, Wollen und Überwindens in die Kunst in dem Sinne rückgängig, daß sie, was Kunst besagt, in die Wirklichkeit retransformiert, in die Utopie einer leidenslosen Welt, zu deren Verwirklichung Beethoven aufruft.

Auch hier nun ist zu fragen, ob sich utopisches Denken bei Beethoven selbst nachweisen läßt.

Utopisch ist im Blick auf Musik als Handelsware Beethovens Wunsch, »daß es anders in der Welt sein könnte. Es sollte nur ein Magazin der Kunst in der Welt sein, wo der Künstler seine Kunstwerke nur hinzugeben hätte um zu nehmen, was er brauchte« (an Franz Anton Hofmeister, 15. 1. 1801). Vielleicht ist es diese Zukunftsvision, die er etwas später (am 29. 6. 1801) in einem Brief an Wegeler interpretiert: »Und ist dann der Wohlstand etwas besser in unserem Vaterlande, dann soll meine Kunst sich nur zum Besten der Armen zeigen. O glückseliger Augenblick, wie glücklich halte ich mich, daß ich dich herbeischaffen, dich selbst schaffen kann!« Das utopische Moment, das in dieser Absicht beschlossen liegt, betrifft die materielle, nicht die ideelle Seite der Kunst: Sie soll als Handelswert — sofern der Komponist durch den allgemeinen Wohlstand finanziell gesichert ist — nur zum Besten der Armen dienen. Angesprochen ist also hier im Begriff der ›Armut‹, nicht die Funktion der Kunst in ihren gehaltlichen Implikationen in bezug auf die in ihrem Wesen arme (leidende) Menschheit oder das (Beethoven mit einschließende) Leiden der Menschen aufgrund einer gesellschaftlich (sozioökonomisch) zu verändernden Misere, sondern gemeint ist die Armut im materiellen Sinne der »Armen-Akademie«, die in Beethovens Zukunftsbild das Prinzip darstellt, das den privaten Verkauf der Kunstprodukte ablösen soll. Nach dieser Maxime der Humanität bestimmte Beethoven (— hierin einer Gepflogenheit der Zeit folgend —) nicht selten seine Musik unter Verzicht auf Honorierung »zum Vortheile der Armen«[86], und auch ein Satz wie: »›Beethoven nimmt nie etwas, wo es für das Beste der Menschheit gilt‹«[87], ist, wie der Kontext zeigt, ganz in diesem Sinne gemeint. — In der Tat, so durchgängig wie der Ton des Leidens und das Überwindungsethos ist in Beethovens Briefen und Aufzeichnungen der Ton der Humanität, der Menschenliebe und

---

86 Brief an G. Fr. Treitschke, 1814 (Prelinger I, S. 351); im Original in Anführungszeichen und unterstrichen. Weitere Belege s. oben S. 41.
87 Brief an J. Varena, 1813 (Prelinger I, S. 333).

des Wohltuns: »niemanden leiden machen«; helfen, wo wir können«; »Wohltaten gegen andere Menschen«; »Keiner meiner Freunde darf darben, solange ich etwas habe«; »Gottheit, du siehst herab auf mein Inneres, ... du weißt, daß Menschenliebe und Neigung zum Wohltun darin hausen«.

Eine solche Haltung (einschließlich der Armenhilfe durch Kunst) gehört — nach Beethovens Äußerungen — zur »Tugend« und »Würde« des Menschen und Künstlers. Und von hier aus wäre in Beethovens Lebensauffassung und -führung ein utopisches Moment insoweit zu sehen, als eine solche Lebensmaxime an einer Milderung der Armut, Besserung, Erziehung, Vervollkommnung des Menschengeschlechts beteiligt sein könnte. Nicht jedoch ist zu belegen, daß Beethoven seiner Kunst das Vermögen zugesprochen hat, über Ethos und Humanität in die Richtung von Utopie zu weisen. Viel eher scheint seine Auffassung von Elend und Kunst eindeutig jenem Begriffsfeld zuzugehören, das *Transzendierung* genannt wurde.

Mögen auch transzendierende Ausdrücke wie »die göttliche Kunst«, »die himmlischen Musen«, »sich in den Kunsthimmel hinauf versetzen« selbst bei Beethoven bloße Topoi sein, so wird doch die Möglichkeit einer Interpretation von Beethovens Verbalität in Richtung Utopie durchkreuzt von der bei ihm besonders starken Artikulation von »Menschenliebe und Neigung zum Wohltun« — jener Tugend und Humanität, die auf das Leiden antworten und dem Menschen die Genugtuung (Beethoven sagt: »das innere Wohlgefühl«) verschaffen, sich sittlich gut zu verhalten, im Sinne der »ewig unerschütterlichen Grundsätze des Guten« (an Wegeler, 7. 10. 1826).

Nicht in Richtung von Utopie, sondern durchaus im Sinne von Transzendierung sind auch die hierher gehörigen Partien des Heiligenstädter Testaments zu verstehen, so ambivalent sie auf den ersten Blick auch erscheinen mögen:

»O Menschen, wenn ihr einst dieses leset, so denkt, daß ihr mir unrecht getan, und der Unglückliche, er tröste sich, einen seines gleichen zu finden, der trotz allen

Hindernissen der Natur, doch noch alles getan, was in seinem Vermögen stand, um in die Reihe würdiger Künstler und Menschen aufgenommen zu werden —«.

Hier spricht Beethoven zu den Menschen, einer zukünftigen Öffentlichkeit (»O Menschen, wenn ihr einst dieses leset«), und er sagt ihnen, daß der Unglückliche sich trösten soll an seinem Unglück und aufrichten an seinem Überwindungsstreben, wodurch dem Menschen Würde verheißen ist. — »... T u g e n d , sie nur allein kann glücklich machen, nicht Geld, ... sie war es, die mich selbst im Elende gehoben.«

Nicht denkt Beethoven an eine Welt ohne Armut, sondern er erhofft einen Zustand, in dem die Kunst »sich nur zum Besten der Armen zeigen« soll; nicht zielt er auf das Leiden der Menschheit in seinen Gründen, sondern wo er Gutes tut, betont er »das innere Wohlgefühl, das dergleichen immer begleitet«; nicht denkt er an eine Verwandlung der Welt, sondern ans »Schicksal« der Menschen und an den Lohn der »Würde«; nicht spricht er vom Leiden, um dessen Gründe zu kritisieren, sondern um zu zeigen, wie man es überwindet.

Die Interpretation des Phänomens Beethoven in Richtung von Utopie findet bei Beethoven, auf der Ebene des Verbalen, wenig Rückhalt.

Gleichwohl kann der Überwindungston in Beethovens Musik, dieses durchgängig Rezipierte, vernommen werden auch im Sinne von Utopie, Transformation musikalischen Gehalts in Richtung zukünftiger Realität, Aufruf zur Praxis. Beethovens Musik läßt die Richtung offen. Ob im 19. Takt vor dem Schlußsatz der Fünften Symphonie die Auflichtung bei der Verwandlung des Tones es' in e', Inbegriff aller komponierten Auflichtung, transzendierend vertikal oder utopisch horizontal zu verstehen ist, sagt die Stelle nicht. Und die Beethoven-Rezeption spiegelt die Ambivalenz des Sinnes solcher Kunst, Transzendierung und Utopie, das in ›Wesen‹ und ›Zukunft‹ Gedoppelte ihres Ziels, als Koordinaten, in deren Schnittpunkt Beethoven steht. Sie widerspiegelt die Ambivalenz gerade dort, wo sie Beethoven in den Zusammenhang aller Kunst stellt, an ihm ihr Wesen sich klarmacht und dabei beide ›Richtungen‹ zur Sprache bringt[88] oder die ›Richtung‹ offenläßt.

Exemplarisch für das Offenlassen der Richtung ist der Schlußsatz schon von Grillparzers Rede am Grabe Beethovens bei der Enthüllung des Denksteins (November 1827): »Darum sind ja von jeher Dichter gewesen und Helden, Sänger und Gotterleuchtete, daß an ihnen die armen zerrütteten Menschen sich aufrichten, ihres Ursprungs gedenken und ihres Ziels.« Hier ist die Richtung des Sich-Aufrichtens, des »Ziels«, nach oben und innen oder in die Zukunft nicht weniger unentschieden als bei den Überwindungsschlüssen in Beethovens Musik oder auch bei der isolierten Benutzung von Äußerungen Beethovens, z. B. jener in einem Brief an Therese Malfatti (1811), wo es heißt, es sei möglich und geboten, »in einer so schönen Kunst [— der Musik —] auch das Vollkommene zu erkennen, das selbst auf uns immer wieder zurückstrahlt«.

Das Vollkommene, es kann von oben oder von der Zukunft her auf uns zurückstrahlen. Die »Sprache eines höheren Lebens«, »die das höhere Leben verkündenden Akkorde«[89] sind Erhöhung und Entwurf zugleich. Der als Individuum gereinigte Mensch und die Besserung der Welt bedingen sich gegenseitig. Auch die ›Hoffnung‹ kann Trost sein und ›Trost‹ an Hoffnung sich nähren. Der »erhabene Taube«, er thront »in dem idealen Himmel, wo der Mensch im Fortschritt, um seinen Weg fortzusetzen, es bisweilen nötig hat, unbewegliche Gestirne anzuheften« (René Fauchois).[90]

---

88 Zum Beispiel: »Die großen Werke der Kunst sind wie eine Botschaft aus einem Reiche der Vollkommenheit, zu dem der Mensch auf andere Weise kaum Zutritt erlangt als gerade durch sie. Wenn wir uns ihnen in Ehrfurcht und Demut nahen, ahnen wir, daß hier etwas zu uns spricht, das höhere Gültigkeit besitzt als alles, was uns im irdischen Leben umfängt.« — Aus dem »Gefühl der Verlassenheit, das wir angesichts der Unvernunft und Bösartigkeit im Handeln der Menschen untereinander empfinden, erheben uns die Werke der Kunst wieder zum Glauben an die hohe Mission des Menschen« (E. Ratz, *Der wahre Beethoven*, Musikerziehung II, 1949, S. 5).
89 So Wendt und Hoffmann, s. oben S. 85.
90 Zitiert nach Schrade, *Das französische Beethovenbild ...*, a.a.O., S. 108.

Die Transzendierung, der Traum, die Kunst, sie müssen vorausgehen, bevor die neue Realität reifen kann:

> »Eh ihr zum kampf erstarkt auf eurem sterne
> Sing ich euch streit und sieg von oberen sternen
> Eh ihr den leib ergreift auf diesem sterne
> Erfind ich euch den traum bei ewigen sternen.«[91]

Und wenn die transzendierende Richtung, die das Leiden und Überwinden zum Wesen der Welt erhebt und verklärt, und der utopische Ruf zu ihrer Veränderung, ihrem Fortschritt über das Leiden hinaus, sich noch so sehr zu widersprechen und auszuschließen scheinen, so sind sie doch nicht gegeneinander auszuspielen. Zu sehr umschreiben sie beide das zutiefst Konstante im Begriffe der Kunst, jener, die — so wie »Beethovens herrliche Musik« — »einem letzten und höchsten Ziele alles Daseins dient: der steten Veredelung und höheren Beglückung unseres Geschlechtes«.[92]

Was die Geschichte der Beethoven-Rezeption nur immer wieder zu verstehen gibt, ist die Ambivalenz der Richtung jener Kunst, für die Beethoven der Inbegriff ist. Extrem ist das Beispiel der Schützengräben: »In unserem schmutzigen Brotbeutel, zwischen dem Notizbuch und der Taschenlampe, bewahrten wir ehrfürchtig das ›Leben Beethovens‹ [von Romain Rolland]«, schrieb der Franzose Raymond-Raoul Lambert in Erinnerung an seinen Dienst an der Front von 1914/18[93]; und im Vorwort zur zweiten Auflage (1918) des ersten Bandes seiner Analysen von Beethovens Klaviersonaten[94] berichtet Hugo Riemann, daß »unsere Feldgrauen in den Unterständen Beethovens Klaviersonaten analysieren«.

Es wäre zu einfach, im Bilde der mit Granaten und Gas sich vernichtenden Menschen, die in ihrem Gepäck Beethoven bei sich führen, nur den Beweis dafür zu sehen, daß die Retransformation

---

91 St. George, *Haus in Bonn*, aus: *Der siebente Ring*, Abschnitt *Tafeln*.
92 L. Nohl, *Die Beethoven-Feier und die Kunst der Gegenwart*, Wien 1871, S. 22.
93 Zitiert nach Schrade, *Das französische Beethovenbild* ..., a.a.O., S. 70.
94 Titel s. oben Anm. 73.

ästhetischer Gehalte zur Wirklichkeit des Handelns auch im Falle Beethoven nicht oder sogar ins Gegenteil funktioniert. Trost und Hoffnung — beides ist Beethovens Musik begriffslos eingeschrieben. Ihr Überwindungston macht sie groß und ambivalent zugleich. In ihrer spezifischen Größe und Ambivalenz, ihrem besonderen Gehalt und seinem begriffslosen Erscheinen, liegt jedoch beschlossen, daß sie ›benutzbar‹ ist. In ihrer *Benutzbarkeit* nochmals erweisen sich ihre Gehalte: Indem die Rezeption unablässig Beethovens Musik zu Zwecken gebraucht, bekundet sie nicht nur, daß auch die Benutzbarkeit zu ihrem Prinzip gehört, sondern zugleich die spezifische Gehaltlichkeit dieser Musik, den Grund dieser Benutzbarkeit.

Auf französischer Seite hieß es 1915 in bezug auf Beethovens Neunte Symphonie: »Ein Deutscher schrieb sie, aber ganz Deutschland hat das Recht verloren, sie zu besitzen.«[95] Hugo Riemann schloß im August 1918 das oben genannte Vorwort mit dem Ausruf: »Möge die zweite Auflage im Zeichen des Weltfriedens stehen!« Am 16. Dezember 1920 fiel an der Universität Marburg das Wort: »... Mensch sein heißt Kämpfer sein, Menschenlos ist Krieg: — das ist es, was die [dritte] Symphonie, so wie es überhaupt in der Macht der Töne steht, im Hörenden lebendig werden lassen will.«[96] Leo Schrade schloß 1936 seinen Aufsatz über *Das französische Beethovenbild der Gegenwart* mit dem Satz: Über den Gräbern der Helden von Verdun ertönten in diesem Jahre in gemeinsamer Feier, den Heroen zu Ehren, die gelitten haben, Kämpfer waren und Sieger wie der ›Andere‹, über ihren Gräbern ertönten die Klänge der Eroica.«

Gegenüber diesen *Benutzungen*, die Beethoven verbieten wollen, oder die in seinem Zeichen den Weltfrieden erhoffen, oder in denen der nächste Krieg schon angelegt ist, oder die unter Beethovens

---

95 C. Mauclair, *La Musique et la Douleur*, zitiert nach Schrade, *Das französische Beethovenbild* ..., a.a.O., S. 107.
96 P. Natorp, *Beethoven und wir*, Rede, gehalten zur Beethovenfeier der Universität Marburg, den 16. Dezember 1920, Marburg 1921, S. 15.

Klängen die Völkerversöhnung vollziehen, ist der Ton des Kampfes in Beethovens Musik genauso wehrlos wie der Überwindungston, wenn er am Ende des nächsten Krieges emphatisch nach oben und innen gelenkt wird: »... kein Erdensieg ist Sinn und Ziel [der *Eroica*] ... Was dann geschieht, im dritten und vierten Satz, ist Aufschwung in die Sphären, ist Friedensfeier einer anderen Welt.«[97] Doch auch 1945 konnte das nicht anders gesagt werden als in der Durchkreuzung durch Hoffnung (und es ist gleichgültig, wer hier zitiert wird[97]): Was Beethovens Musik darstellt — »nichts davon hat sich erfüllt: keine neue Menschheit, keine höhere Kultur, keine geistige Weltharmonie ist aus diesen herrlichen Ahnungen und Strebungen hervorgegangen ... Wir sehen in ihm mit Beschämung unsern Mahner und Richter, der eine irrende, von nur materiellen Zielen geleitete Zeit uns ausstreicht, und unsere wahre Bestimmung uns noch einmal ins Gedächtnis ruft, vielleicht zum letztenmal.«

---

97 R. Benz, *Beethovens geistige Weltbotschaft*, Rede, gehalten zur Frankfurter Beethovenfeier, 9. Dezember 1945, Heidelberg 1946, S. 14.
98 Ebenda S. 16f.

V

Coda: Auswege

Die essentielle Konstanz der Begriffsfelder läßt den Versuch als fragwürdig erscheinen, Beethovens Musik von ihrer bisherigen Rezeption abzutrennen und freizusprechen, um sie als ›Musik selbst‹ weiterhin schön und groß zu finden. Die Meinung: *Leiden — Wollen — Überwinden* sei Geschwätz, Beethovens Musik aber herrlich, ist gleichbedeutend mit der Beurteilung der Beethoven-Rezeption als ignorabel und irrelevant in ihrer Totalität und stellt ihr als Alternative die Auffassung entgegen, daß Musik, auch im Falle Beethoven, überhaupt keinen begrifflich faßbaren Gehalt hat. Diese Ansicht erspart es sich allerdings, aus den in dieser Abhandlung geknüpften Netzen einen Ausweg zu suchen: Sie degradiert den Stoff der Netze zu Schall und Rauch.

Andererseits jedoch erniedrigt die Geschichte der Beethoven-Rezeption in ihrer Gesamtheit die Auffassung, daß Beethovens Musik keine bzw. keine der in dieser Abhandlung zur Sprache gebrachten Gehalte hat, zur bloßen Behauptung. Es fehlt der Nachweis solcher Gehaltlosigkeit. Denn durchweg hat die Beethoven-Rezeption, auch in den Kompositionsanalysen, und selbst dort, wo sie es geflissentlich vermeiden wollte, und auch in der Negationssprache (›Entmythologisierung‹ etc.) Gehalte verbalisiert, und zwar durchgängig jene, die — angefangen vom Begriffsfeld *Erlebensmusik* und dem Rückschluß aufs Biographische bis hin zum *Leiden* und *Überwinden* und der gerade hierin begründeten *Benutzbarkeit* Beethovens — heute suspekt erscheinen.

Die in unserer Darstellung explizierte These, daß die verbale Rezeption in der homogenen Grundschicht ihrer Begriffsfelder die Gehalte der Musik Beethovens zum Begriff gebracht hat und in der Konstanz ihrer Essenzen das Rezeptionsobjekt als das definiert, was es ist, führt allerdings zu der Folgerung, daß, wo immer Beethovens Musik (und die Musik, deren Inbegriff sie ist) Geltung hat im Sinne von Größe, Schönheit, unmittelbarer Gegenwärtigkeit, Klassik, auch die Gehalte dieser Musik, *Leiden, Wollen, Überwinden,* ihre Aktualität nicht verloren haben, auch dort nicht, wo man sie verbal wegdiskutiert. Mit anderen Worten: Die Rezeptionsgeschichte beweist die Gehalte der Musik Beethovens, und deren Aktualität, anhaltend unmittelbare Gegenwärtigkeit, ist ein Indiz für die anhaltende Aktualität dieser Gehalte.

Es sei denn, man findet Auswege. Diese aber müssen sich mit der Rezeptionsgeschichte auseinandersetzen. Die Allergie gegenüber der Leidens- und Überwindenssprache muß durch sie hindurch. Dabei aber kann sich gerade aus der Rezeptionsgeschichte, wie sie hier beschrieben wurde, ergeben, daß die üblichen oder die zu erwartenden Einwände (sie sind z. T. schon in den zwanziger Jahren erhoben worden) keine Auswege eröffnen. Der nicht verstummte Ruf › zurück zum Original ‹, die Frage: wer war dieser Beethoven in Wirklichkeit (biographisch), wird in seinen Ergebnissen und Folgen die bisherige Geschichte der Rezeption nur immer wieder bestätigen, indem er zu Feststellungen führt wie jener, mit der Ludwig Misch Beethoven gegen E. und R. Sterbas *Beethoven and his Nephew* verteidigte[99]: »Wir wußten schon ohne dieses Buch, das natürlich kein neues Quellenmaterial bringt, daß auch Beethoven seine menschlichen Schwächen hatte ...«, gleichwohl: er war eine überwältigende Persönlichkeit«.

Gewiß auch kein Ausweg ist der Aufruf zu »Entwöhnungskuren« gegenüber Beethoven generell (Busoni, 1922, s. oben S. 16) oder der ebenfalls schon in den zwanziger Jahren gemachte, dann mehrfach wiederholte Vorschlag, »seine alleroberste Herrlichkeit für gewöhnlich aus dem Verkehr zu ziehen« (H. J. Moser, 1926, s. oben Anm. 8) in dem Sinne, daß wir »die C moll-Charaktere eine Zeitlang beiseite lassen« und stattdessen »das Graziöse und Anmutige in Beethovens Musik ... auch einmal in den Vordergrund

---

[99] Mf IX, 1956, S. 99ff.; Wiederabdruck in: L. Misch, *Neue Beethoven-Studien und andere Themen,* = Veröffentlichungen des Beethovenhauses in Bonn, Neue Folge, Vierte Reihe, Bd. IV, 1967, S. 104ff.

stellen« (A. Halm, *Beethoven*, Berlin 1927, S. 62f.), oder statt nur immer »die populären Werke« zu spielen, nun auch die unbekannten populär zu machen, z. B. unter den Klaviersonaten die *Pathétique* und die *Mondscheinsonate*, »gerade diese beiden Werke — zumindest eine Zeitlang — auszuschalten und einmal die unbekannteren ... an ihre Stelle zu setzen, um dann allmählich zu jenen Werken vorzudringen, die alles andere im Sonatenschaffen in den Schatten stellen, nämlich zu den letzten fünf Sonaten« (E. Ratz, *Der wahre Beethoven,* Musikerziehung II, 1949, S. 6), oder Beethoven vorübergehend überhaupt nicht mehr aufzuführen, ihn, um dem »Abnutzungseffekt« und dem »Image« entgegenzuwirken, »für die nächsten paar Jahre unter Denkmalschutz zu stellen« (Interview mit M. Kagel, 1970, s. oben S. 32).

Indessen ist die erzwungene Enthaltsamkeit problematisch, das historisierende Getue lächerlich, wenn man bei Beethoven-Festen (wie dem in Bonn 1970) ausschließlich den ›unbekannten Beethoven‹ der Bonner und frühen Wiener Zeit oder (wie bei der Eröffnung des Wiener Beethoven-Symposiums 1970) vierhändige Klaviermusik zelebriert. Man hat den Eindruck, als ströme man zwar zusammen nach wie vor (jetzt allerdings in vorher unbekannten Mengen und mit noch nie dagewesenen Aufwänden), scheue sich aber, den Namen Beethoven laut auszusprechen. Gleichwohl ist er präsent: Im Gedanken an sein Großes färbt sich sein Kleines; auf die Schubladenmusik (jene vor dem op. 1) fällt das Licht der Fünften Symphonie. Gerade in dem Ruf nach Schonzeit, im Rückzug auf den unbekannten und im Verdrängen des ›eigentlichen‹ Beethoven, in der ›Wiederbelebung‹ des ›Keimfreien‹ (wozu Musikwissenschaft beiträgt) bestätigt sich das ›Phänomen Beethoven‹ in merkwürdiger Weise.

Gleichwohl könnte gegen die These, daß die verbale Rezeption die Gehalte der Musik Beethovens zum Begriff gebracht hat (und zwar derart zutreffend und irreversibel, daß die anhaltende Aktualität Beethovens auch diese Gehalte als anhaltend aktuell erweist), die Rezeptionsgeschichte selbst ins Feld geführt werden. In Fortsetzung oder in neuen Versionen der in den zwanziger Jahren begonnenen Reinigungsversuche könnte geltend gemacht werden, daß der Begriff des leidenden und überwindenden Beethoven irrtümlich sich nur im Anschluß an wenige Werke gebildet habe; und gerade in bezug auf die Konstanten der Rezeption habe seit E. Th. A. Hoffmann und bis zum heutigen Tag gleichsam nur immer einer vom anderen abgeschrieben, wobei die Rezeptionssprache weithin als ›Verdrängungssprache‹ zu charakterisieren sei in dem Sinne, daß das Bürgertum in den Zeiten der Restauration, der Reaktion und der Kriege seine unerfüllten Hoffnungen und Wünsche unter Benutzung Beethovens zum Ausdruck gebracht habe.

Die Geschichte der Beethoven-Rezeption, wie sie hier ausgebreitet wurde, bestätigt diese Einwände partikular und entkräftigt sie doch zugleich. Einige Kompositionen (übrigens ist deren Zahl relativ groß) kennzeichnet sie als ›extrem Beethovensche Werke‹, und hier ist die Artikulation der Rezeptionskonstanten am intensivsten.[100] Darüber hinaus charakterisiert sie die weitaus überwiegende Zahl der Werke als ›echt Beethovensche‹ (schon die Erste Symphonie und die Klaviersonate op. 2,1 gehören dazu), und zwar mit dem Vokabular der gleichen Begriffsfelder wie bei den ›extremen‹, dabei jedoch immer wieder mit je eigenen, von der Komposition her gewonnenen Begründungen. Im übrigen erblickt sie Werke wie die Vierte Symphonie oder die Klaviersonate op. 14,1 als gleichsam in den ›Zwischenräumen‹ der ›extremen‹ oder ›echten‹ gelegen und versteht sie somit aus dem Kontext des Gesamtwerkes.

Aus ihm, nicht aus einigen Werken, setzt sich rezeptionsgeschichtlich der ›Begriff‹ Beethoven zusammen, von dem aus dann allerdings auch die frühen, unbekannten, wiederentdeckten oder außenseiterischen Kompositionen rezipiert werden, in der Weise

---

100 In dieser Abhandlung wurden übrigens diese Werke weitgehend ausgeklammert.

wie schon Schumann 1835 das posthum erscheinende »Groschenkapriccio« in den Kontext des Gesamtwerkes stellte[101]:

»... hab' ich euch endlich einmal, Beethovener!«, die ihr »die Augen verdreht und ganz überschwänglich sagt: Beethoven wolle stets nur das Überschwängliche, von Sternen zu Sternen flieg' er, los des Irdischen«; indessen seht hier: »Etwas Lustigeres gibt es schwerlich als diese Schnurre«. Und »wenn es lustig in ihm herging, ... dann lachte er wie ein Löwe und schlug um sich, — denn er zeigte sich unbändig überall«.[102]

Was nun in diesem Zusammenhang das ›Abschreiben‹ (sich gegenseitig Ausschreiben) betrifft, so gibt es in der Tat Rezeptionslinien, vor allem jene, die durch die Namen Hoffmann, Wendt, Marx, Wagner bezeichnet ist.[103] Aber in der Geschichte der Beethoven-Rezeption geht das Konstante auch innerhalb der Rezeptionslinien weit über die Beeinflussungen, Übernahmen und Modifikationen hinaus (mit denen sich die bisherige Musikwissenschaft mit Vorliebe beschäftigt hat). Nicht — um nur ein Beispiel zu nennen — daß sowohl bei Marx als auch bei Wagner der ›Ideen‹-Begriff gebraucht und reflektiert wird und die unterschiedliche Weise, in der das dort und hier geschah, braucht als entscheidend angesehen zu werden, sondern daß in diesem ›Ideen‹-Begriff hier wie dort das Gehaltsmoment hervortritt, und zwar in bezug auf Beethoven das Erlebens-Moment in den für die Beethoven-Rezeption bezeichnenden Begriffsfeldern.[104] Diese erscheinen auch dort durchgängig, wo sich (z. B. bei Arnold Schmitz) das Beethoven-Schrifttum ausdrücklich gegen jene Rezeptionslinie abzusetzen versucht[105], und kennzeichnen überdies, soweit zu sehen war, die gesamte analyti-

---

101 Gesammelte Schriften, 5. Auflage, hg. von M. Kreisig, Leipzig 1914, Bd. I, S. 100f.
102 Das Bild des ›Löwen‹ gebraucht Schumann auch bei der c-Moll-Symphonie (s. oben S. 36).
103 Hierzu die in Anm. 69 genannte Dissertation von K. Kropfinger.
104 Siehe oben S. 57.
105 Oben S. 21ff.

sche Beschreibungssprache.[106] Der Einwand, die Rezeptionskonstanten seien nur entstanden durch Schrifttumstradition, scheitert an der Durchgängigkeit und Allgegenwärtigkeit der Begriffsfelder, an der Beethoven-Rezeption in ihrer Totalität.

Diese könnte allerdings insgesamt als ›bürgerlich‹ deklassiert werden, um Beethoven aus der Bürgerlichkeit der Rezeption zu befreien. Zu vermuten aber ist, daß das nicht geht. Denn Beethoven, seine Musik, i s t zutiefst ›bürgerlich‹, und es ist anzunehmen, daß die Menschen und Völker — auch dort, wo sie sich schon sozialistisch nennen — erst dann jenseits des Bürgerlichen stehen werden, wenn sie — nicht nur verbal — über Beethoven hinaus sind. Die ›Verdrängungssprache‹, die Beethoven benutzt, um die politisch und sozial enttäuschten Hoffnungen abzureagieren, ist nicht nur Reaktion auf Restaurationen, sondern zugleich auch ein Reflex auf den ›Verdrängungscharakter‹ der Musik Beethovens, die Trost und Hoffnung in Kunst transformiert.

Wenn — zum Beispiel — gesagt wurde, Beethoven habe »die Tragik des Daseins in einem Leben voll Leiden und Entsagung erlebt und in seinem Werk voll Heldentrauer und Siegesjubel bejaht ... — Der vom Leben Gekreuzigte bejaht selbst die Marter« (s. oben S. 48), so charakterisiert eine solche, uns heute unerträgliche Äußerung in der Tat mehr das Innenleben eines Rezipienten der 1920er Jahre, als daß damit Beethoven ›getroffen‹ wäre. Gleichwohl zittern in jenem Ausspruch, im Kern seines Besagens, die Grundtöne der Beethoven-Rezeption mit: *Erlebensmusik* (ihr *biographischer Gehalt*), *Leidensnotwendigkeit* (*Säkularisation*), *Überwindung*, jene Töne, die Beethoven hier *benutzbar* machen zur emphatischen *Transzendierung*. Und zufolge dieser Grundtöne steht jene peinvolle Stelle nicht grundsätzlich jenseits der Exzerpte auch aus den trockensten Analysen, in denen nur immer Wörter wie ›drängen‹, ›ermatten‹, ›erstrahlen‹ ein gehaltliches Moment ansprechen — Beschreibungswörter, ohne die (dies sei nur immer

---

106 Oben S. 65ff.

wieder behauptet) auch eine zukünftige Beethoven-Interpretation, die über Stilkunde und Formenlehre hinaus will, nicht auskommt. Das Konstante in der Beethoven-Rezeption relativiert auch den Geltungsanspruch der These von der Re-Interpretation der Traditionsobjekte.[107] Zweifellos wirken die verschiedenen Vorstellungen der Rezeptionszeiten und -gruppen wie Siebe oder Filter, die auch das Werk Beethovens zu den sich beständig verändernden Bewußtseinslagen hin re-interpretieren, durch Uminterpretation, Selektion und Assimilation reaktivieren, wobei die Rezeption von Traditionsobjekten heute einen hohen Stand der ›Polyversionalität‹ erreicht hat[108], d. h. der Fähigkeit zur Re-Interpretation und Assimilation sehr vieler musikalischer ›Kodes‹ verschiedener Epochen und Kulturräume. Gleichwohl bleiben bei der Rezeption und ihrem polyversionalen Vermögen auch ›die Werke selbst‹ beteiligt: Rezeptionsgeschichte spielt sich ab in Prozessen der Wechselwirkung zwischen den Rezeptionsobjekten (den Werken mit ihren objektiven Eigenschaften) und den Rezeptionssubjekten. Indem das Objekt, durch Re-Interpretation zu den Subjekten hin vermittelt, als verschieden erscheint, initiiert es doch zugleich — aufgrund seiner Identität mit sich selbst — immer wieder ein Identisches in der Rezeption, ein Konstantes, und dies jenseits der sich topisch verfestigenden Rezeptionstradition, — im Falle Beethoven die konstanten Essenzen der hier erörterten Begriffsfelder.

Indessen könnte als ein weiterer Einwand vorgebracht werden, daß eben diese ›Begriffsfelder‹ zu allgemein für die Gehaltsfindung bei Beethoven seien, zu abstrakt, zu weitmaschig zum Erfassen der konkreten Verschiedenheit seiner Werke. Aber auch in ihrer kompositorisch differenzierten Konkretion sind Beethovens Werke auf ›Felder‹ reduzierbar, Felder im Sinne von Stilmerkmalen, Grund-

---

107 Hierzu Z. Lissa, *Prolegomena zur Theorie der Tradition in der Musik*, AfMw XXVII, 1970; mit diesem Aufsatz setze ich mich auseinander in meiner Studie *Traditionskritik*, in: *Studien zur Tradition in der Musik*, München 1973.
108 Z. Lissa, *Musikalisches Geschichtsbewußtsein — Segen oder Fluch*, in: *Neue Aufsätze zur Musikästhetik*, Wilhelmshaven 1975.

prinzipien der Komposition. So wie die Analyse musikalischen Sinnes Prinzipien der Satzbildung aufsuchen kann, so die Gehaltsfindung die Substanzen des Gehalts. Auf sie — so die These dieser Abhandlung — reagiert in Begriffsfeldern die verbale Rezeption.

In diesem Zusammenhang könnte jedoch geltend gemacht werden, daß die ganze Musik des ›19. Jahrhunderts‹, jedenfalls die von Beethoven bis Mahler, auf die Begriffsfelder *Erlebensmusik, Leidensnotwendigkeit, Leiden/Wollen/Überwinden, Benutzbarkeit* usw. zurückführbar sei, daß also zumindest in dieser Hinsicht unsere Begriffsfelder zu wenig differenziert, zu allgemein seien. Tatsächlich sind sie für das 19. Jahrhundert insoweit allgemein gültig, als Beethoven für die Musik dieses Jahrhunderts der allgemeine Bezugspunkt der kompositorischen Auseinandersetzung ist, teils unmittelbar, teils vermittelt. Genauer aber trifft das System der Begriffsfelder, das die Tafel S. 56 verzeichnet und in dessen Mittelpunkt die Begriffstrias *Leiden/Wollen/Überwinden* steht, nur auf Beethoven zu, auf ihn so genau wie auf keinen anderen Komponisten — nicht auf Schubert, C. M. v. Weber, Mendelssohn, Chopin, Wagner, Bruckner, Mahler — am meisten vielleicht noch auf Brahms.

Zu bedenken ist allerdings, ob nicht die Traditionsobjekte letztlich der gesamten abendländischen Musik (›von der Musica Enchiriadis bis Stockhausen‹) in der epochalen Verschiedenheit ihrer Gehalte, Begriffsfelder und Begriffssysteme, aufgrund von Konstanten der Traditionsprozesse[109], auf relativ wenige übergeordnete Begriffsfelder reduzierbar sind. Für Heinrich Schütz habe ich an anderer Stelle kompositionsanalytisch das Begriffsfeld *Verlangen — Besitzen* als einen der zentralen Gehalte seiner Musik festzustellen versucht[110], das vom Begriffsfeld *Leiden — Wollen — Überwinden* weit entfernt ist und doch mit ihm einen

---

109 Hierzu vom Verf.: *Traditionskritik*, s. Anm. 107.
110 *Musikalische Analyse — Heinrich Schütz —*, Musicological Annual VII, Ljubljana 1972.

Überschneidungsbereich gemeinsam hat, der seinerseits benannt (verbal begriffen) werden könnte. An der Spitze einer die gesamte abendländische Musik erfassenden Pyramide von Begriffen musikalischen Gehalts würde ein Begriffssystem erscheinen, das — gewonnen sowohl aus der musikalischen Analyse als auch aus der musikalischen Reflexion und Rezeption — in der (bisherigen) abendländischen Musik konstant ist. Dieses System würde den Begriff ›abendländische Musik‹ so von der Seite des Gehalts her definieren, wie er von anderer Seite her zu definieren ist etwa durch den Begriff des ›Artifiziellen‹ (der Theorieprozesse, die die musikalische Materialität ›geistfähig‹ machen[111]) oder durch den Begriff der ›Spiegelung und zugleich Überhöhung‹ der Wirklichkeit.

Beethoven steht in dem Kontext des Ganzen, das die bis heute währende und waltende Idee der abendländischen Musik zur Erscheinung gebracht hat und noch bringt. Hat die anhaltend unmittelbare Gegenwärtigkeit seiner Musik ihren Grund in der anhaltenden Aktualität ihrer spezifischen Gehalte, so ist die ›Zeitlosigkeit‹ (die Rezeptionskonstante des ›ewig‹ Gültigen) der Musik Beethovens zu begründen auch seitens des Konstanten, das den Begriff (oder die Idee) ›abendländische Musik‹ definiert.

Hieran scheitert jene pseudosozialistische Radikalität (oder irrationale Jugendlichkeit), die — indem sie der Jugendbewegung der 1920er Jahre die Hand reicht (s. o. Anm. 8) — Beethoven ›abschaffen‹ möchte (z. B. in der Schule); sie ist darin nicht nur inhuman gegenüber dem Leiden noch heute, sondern auch inkonsequent, solange sie nur Beethoven und nicht das Ganze der Kultur meint, in deren Kontext er steht.

An dieser Inkonsequenz — nur mit umgekehrten Vorzeichen — scheitern aber auch jene soziologischen Interpretationen Beethovens, die zwar nicht ihn, jedoch die Gesellschaft abschaffen wollen, die als bürgerliche ihn hervorbrachte und als kapitalistische ihn zur Erhaltung ihrer selbst mißbraucht. Diese modernste Art der Rezeption verstaut Beethoven abermals in Tornister und Brotbeu-

---

111 Hierzu vom Verf.: *Musik als Tonsprache*, AfMw XVIII, 1961.

tel (oben S. 93), diesmal in das Marschgepäck der Revolution, um ihn als Kampfmittel zu gebrauchen und damit überleben zu lassen. Die Rettung Beethovens erfolgt, indem man ihn als Stimme der Gesellschaft zugleich — dialektisch — in Opposition gegen sie setzt. Denn: »Die Opposition gegen die Gesellschaft, die individuelle Substanz, die insgeheim schon darin waltet, daß ein Kunstwerk überhaupt aus dem Zirkel der sozialen Nezessitäten sich löst, ist als Gesellschaftskritik immer auch Stimme der Gesellschaft.«[112]

Als opponierende Stimme der Gesellschaft wird Beethoven zum Geschichtsbuch der Progressivität. »Ist er schon der musikalische Prototyp des revolutionären Bürgertums, so ist er zugleich der einer ihrer gesellschaftlichen Bevormundung entronnenen, ästhetisch voll autonomen, nicht länger bediensteten Musik.«[113] Genauer: »Wenn Beethoven den Sonatensatz mit thematischem Material anreicherte, gleichsam mehr und mehr Argumente und Gegenargumente in die musikalische Form einbrachte, so sprach daraus die Emanzipation des Individuums vom Untertan zum Staatsbürger«[114]; in Beethovens Komponieren ist »die tätige und angreifende Formung des musikalischen Stoffs, welche jeweils Einheit zur Mannigfaltigkeit entwickelt, die ästhetische Transformation der bürgerlichen Bewegung«.[115] Aber: »Schon längst kann die bürgerliche Gesellschaft, einst selber revolutionär, nicht mehr leben, ohne ihre Klassiker systematisch auf den Hund zu bringen.«[116] Denn: Beethovens Musik steht in »substanziellem Widerspruch zur bestehenden Gesellschaft«, hat »revolutionäre Funktion«, jedoch: sie wurde »populär« (»wenn auch falsch«) und »zum Kulturgut neutralisiert«, und zwar: durch falsche Interpretation (Reproduktion), unter anderem: durch »die schematische Betonung des sogenann-

---

112 Th. W. Adorno, *Einleitung in die Musiksoziologie* (s. o. Anm. 57), S. 226.
113 Adorno, ebenda S. 223.
114 H. Pauli, *Un certain sourire*, in: *Beethoven '70*, Frankfurt a. M. 1970, S. 21.
115 D. Schnebel, *Das angegriffene Material. Zur Gestaltung bei Beethoven*, ebenda S. 53f.
116 H.-K. Metzger, *Zur Beethoven-Interpretation*, ebenda S. 7ff.

ten ›guten‹ Taktteils, die ... ein Überbauelement des monopolkapitalistischen Stadiums der Wirtschaft« ist.[117]

Die These: »Beethovens Violinkonzert meint Demokratie, also Sozialismus«[118], ist bloße Behauptung, und daß eine »adäquate Interpretation« dieses Violinkonzerts »einer Kampfansage an die kapitalistische Klassengesellschaft« gleichkommt[119], — das glaube ich nicht. Mag Beethoven noch so inadäquat gespielt werden, es bleibt ›Beethoven‹, den man heraushört, selbst in der »an extremer Musik der letzten Dezennien« orientierten Interpretation; gerade diese aber — in ihrer Hervorkehrung der ›Struktur‹ — ist dem Original gegenüber wahrscheinlich inadäquat. Denn es fragt sich, ob Reproduktion Beethovenscher Musik nicht desto adäquater ist, je mehr sie das Leiden und das Überwinden verdeutlicht, also gerade das, worauf die bürgerliche Beethoven-Rezeption am meisten reagierte.

Im *Leiden und Überwinden* ganz und gar ist auch Adornos musiksoziologische Interpretation Beethovens angesiedelt.[120] Wie bei aller Musik, so erscheint auch in der Textur der Beethovenschen die Gesellschaft, jene hier des »aufsteigenden Bürgertums«, der »bürgerlichen Freiheitsbewegung« (»die seine Musik durchrauscht«) — Gesellschaft im »geschichtlichen Augenblick einer Klasse, welche die statische Ordnung aufhebt, ohne doch selbst der eigenen Dynamik fessellos sich überlassen zu können, wenn sie nicht sich selbst aufheben will«. An der noch währenden Unfreiheit leidet das Subjekt, das »emanzipierte Individuum«, Beethovens Humanität — sie »leidet und protestiert. Sie fühlt den Riß ihrer Einsamkeit.« Im Aufbegehren gegen den offiziellen Zeitgeist, im Ausbruch aus dem Schema durch subjektive Dynamik, im Meinen von Freiheit in der

---

117 Alles ebenda.
118 H. Pauli, a.a.O., S. 30.
119 S. o. Anm. 23.
120 Zitiert ist im folgenden, wo nicht anders angegeben, der Abschnitt über Beethoven in Th. W. Adornos *Einleitung in die Musiksoziologie* (s. o. Anm. 57), S. 223ff.

fortdauernden Unfreiheit — im Leiden als dem Anlaß von Kunst[121], ist Beethoven Inbegriff dessen, was große Musik gesellschaftlich sein kann. »Denn die geschichtliche Spur an den Dingen, Worten, Farben und Tönen ist immer die vergangenen Leides.«[122] Darin ist Adornos Beethoven ins Rezeptionskonstante einzureihen essentiell.

Traditionell — der Herkunft nach anti-»neudeutsch« — ist aber auch die formalistische Position der Gehaltsfindung Adornos. Seine Musiksoziologie erscheint auch im Falle Beethoven als die Soziologisierung formalistischer Ästhetik: »Geistiger« Gehalt wird apostrophiert, um ihn als gesellschaftlichen zu beschwören; »Autonomie« der Musik wird konstatiert, um sie mit Gesellschaft zu konfrontieren. Von der ›Musik selbst‹, dem immanent Musikalischen, ästhetisch Autonomen, wird auf die Gesellschaft geschlossen, die in Beethovens Musik »begriffslos erkannt« ist. Deren Wahrheitsgehalt ist ein ästhetischer und gesellschaftlicher in eins[123]; vermittelt sind beide Seiten durch die Technik: »Im Stand der jeweiligen Technik reicht die Gesellschaft in die Werke hinein«, und am ehesten im Bereich der Technologie ist der gesellschaftliche Ort der Musik zu entziffern. Indem Beethovens Sätze »nach ihrem eigenen Gesetz als werdende, negierende, sich und das Ganze bestätigende sich fügen, ohne nach außen zu blicken, werden sie der Welt ähnlich, deren Kräfte sie bewegen«. Zum Beispiel: »Was bei ihm thematische Arbeit heißt, ist das sich Abarbeiten der Gegensätze aneinander, der Einzelinteressen«, und: »Die Motivkerne ... sind Formeln der Tonalität, als Eigenes bis zum Nichts herabgesetzt und so sehr präformiert von der Totale wie das Individuum in der individualistischen Gesellschaft.« — »Die zentralen Kategorien der

---

121 Vgl. schon oben S. 49f.
122 Th. W. Adorno, *Über Tradition* (1966), Wiederabdruck in: *Ohne Leitbild. Parva Aesthetica*, edition suhrkamp 201, Frankfurt a. M. ²1968, S. 35.
123 »Die ästhetische Qualität der Werke, ihr Wahrheitsgehalt, der mit irgendeiner empirisch abbildlichen Wahrheit, selbst dem Seelenleben, nur wenig zu tun hat, konvergiert mit dem gesellschaftlich Wahren.«

künstlerischen Konstruktion sind übersetzbar in gesellschaftliche.«

Es ist hier nicht der Ort, über die Stringenz dieser Übersetzungen zu reflektieren, die (spätestens) bei den Nachfolgern Adornos zur bloßen Analogie tendieren.[124] Vielmehr ist hier darauf hinzuweisen, daß auch bei Adorno in die Schlüsse von der musikalischen Logik auf die Gesellschaft nicht selten jene Begrifflichkeit eindringt, die das Konstante der Beethoven-Rezeption umschreibt: »Das Beschneiden, sich aneinander Abschleifen der Einzelmomente, Leiden und Untergang ...« Aber nicht *Leiden* und *Untergang* und das von daher erfolgende ›Dennoch‹, sondern die autonomen ästhetischen Prozesse im Stand des musikalischen Materials lassen vernehmen und erkennen, worin große Musik über die Gesellschaft, die in ihr waltet, hinausweist: »Widersprüche, die als Resistenz des selber in sich geschichtlichen Materials erscheinen, wollen bis zur Versöhnung ausgetragen werden.« »Als Totalität bezieht jedes Werk Stellung zur Gesellschaft und antizipiert, durch seine Synthesis, die Versöhnung. Das Organisierte der Werke ist gesellschaftlicher Organisation entliehen; worin sie diese transzendieren, ist ihr Einspruch gegen das Organisationsprinzip selbst, gegen Herrschaft über innere und auswendige Natur.«

Beständig mündet Adornos soziologische Philosophie des musikalisch Schönen in die moralisierende Aufforderung ein, »daß man das über den ästhetischen Gehalt hinaus Verpflichtende des ästhetischen Gehalts wahrnähme« und die Menschen »an authentischen künstlerischen Gebilden der Möglichkeit dessen innewerden, was mehr ist als die bloße Existenz, die sie führen, mehr als die Ordnung der Welt, auf die sie eingeschworen sind«.[125] Von hier aus ist es zurück bis zu Grillparzer nur ein Schritt: »Darum sind ja von

---

124 Vgl. oben Anm. 25 und S. 104f.
125 Th. W. Adorno, *Zur Musikpädagogik* (1957), Wiederabdruck in: *Dissonanzen. Musik in der verwalteten Welt*, = Kleine Vandenhoeck-Reihe 28/29, 4. Ausgabe 1969, S. 113 und 102. Hierzu vom Verf.: *Über Adornos »Zur Musikpädagogik«*, Musik und Bildung III, 1971, S. 67ff.

jeher Dichter gewesen ..., daß an ihnen die armen zerrütteten Menschen sich aufrichten, ihres Ursprungs gedenken und ihres Ziels.«[126]

Aber Adorno entscheidet sich für die Utopie, die Richtung in die zukünftige Wirklichkeit, die in Beethoven vorwegerscheint — für die Auffassung, daß Beethovens Musik (wie alle große) im Menschen jene Fähigkeiten fördert — Subjektivität, Imagination, Phantasie, Spontaneität —, die er zu seiner Befreiung benötigt; für die Ansicht, daß Musik die real bestehenden Widersprüche der sozialen Welt aufdeckt und zur Bewußtheit bringt, indem sie die Brüchigkeiten artikuliert, kritisiert und negiert; für den Glauben an die Dynamisierung der Existenz durch das, was große Musik ihr verspricht im Aufzeigen der Versöhnung, in der Antizipation des Reichs der Freiheit, im Vor-Erscheinen einer besseren Welt.

Dies alles aber ist alles andere als neu — im Kern seines Besagens ist es so alt wie die Beethoven-Rezeption. Utopie erscheint konstant in deren Mitte, um dort ebenso konstant durch Transzendierung durchkreuzt zu werden. Bei Adorno aber hat Utopie das Emphatische des einzigen Auswegs. Das sich mit Beethoven identifizierende Bewußtsein macht die Gesellschaftskritik zur Sache Beethovens, um die Identifikation mit ihm zu rechtfertigen. Die Gesellschaft, gegen die Beethoven opponiert, schleudert ihn auf den Thron, auf dem er überdauert. Die emphatische Negation des Bestehenden steigert die Identifikation mit dem sie negierenden Schönen zur Emphase.

Adornos Beethoven-Interpretation ist traditionell durch und durch, Fortsetzung von Rezeptionskonstantem schon darin, daß, was Adorno über Musik philosophiert, von ihm selbst immer wieder an Beethoven exemplifiziert wurde: Er verkörpert die große Musik par excellence, ist ihr *Inbegriff*. Indem seine Musik aus dem Leiden über das Leiden hinausweist, ist *Leidensnotwendigkeit* ihr Prinzip. Der vom *Leiden* (an der gesellschaftlichen Unvollkommenheit) ausgelöste subjektive *Wille* zum *Überwinden* (jener Un-

---

[126] Siehe oben S. 92.

vollkommenheit) definiert den Wahrheitsgehalt seiner Musik, und das *Ethos* des Überwindens durchwaltet Adornos Philosophie der großen Musik als deren eigener moralischer Grundton. Indem der Rezipient Beethovens Musik als Freiheit in der Unfreiheit vernimmt, wird seine Sehnsucht nach Freiheit zur Identifikation mit Beethoven. Musik seines Zeichens verkündet in der Chiffrenschrift des Leidens die Botschaft der Erlösung vom Übel.

Gleichwohl gibt es auch für Adorno die Ambivalenz der Richtungen; stets ist sie präsent. »In großer Musik kehrt die Gesellschaft wieder: verklärt, kritisiert und versöhnt, ohne daß diese Aspekte mit der Sonde sich trennen ließen; sie entragt ebenso dem Betrieb selbsterhaltender Rationalität, wie sie zur Vernebelung dieses Betriebes sich schickt.« So oft bei Adorno stringent die Richtung nach vorn erscheint, ebenso oft und stringent hat er sie — in anderen Zusammenhängen — selbst wieder durchgestrichen, darin der Beethoven-Rezeption vor ihm voll adäquat. Was bleibt, ist der moralisch erhobene Zeigefinger: »Wer in Beethoven nicht die bürgerliche Emanzipation und die Anstrengung zur Synthesis des individuierten Zustands vernimmt ..., macht sich taub gegen ihren Sinn.«[127] Aber der Befehl ist ein Ausweg nicht.

Ein Ausweg aus dem Sichdurchkreuzen der Richtungen, jener utopischen nach vorn und jener transzendierenden nach oben und innen, ist: zu wissen, daß es durch Beethoven, und durch alle Kunst in seinem Sinne, nicht aufhebbar ist. Sind in Kunst, welcher auch immer, beide Richtungen angelegt und rezipierbar, so ist keine allein als die zu beweisen, die gilt. Dieses Ambivalente, Unentscheidbare, das gerade Beethovens Musik in die eine oder die andere Richtung hin benutzbar macht, ist an die Gehalte seiner Musik geknüpft, an jene, die die Beethoven-Rezeption zum Begriff gebracht hat. Zu wissen ist auch das Unaufhebbare der Benutzbarkeit Beethovens; es haftet an den Gehalten fest.

---

127 *Tradition* (1960), Wiederabdruck in: *Dissonanzen* (s. Anm. 125), S. 123.

Nur als eine neue Form der Benutzung erscheint jene von ›Beethoven 1970‹, die sich bemerkbar macht als das Interesse, Beethovens »herrliche Musik« zwar beizubehalten, aber die Gehalte zu degradieren oder zu verspotten. Indem die Zeit heute Beethoven nicht mehr nur kompositionsanalytisch ins ›rein Musikalische‹ paralysiert, sondern auch die Gehalte (eben jene), wo immer sie zur Sprache kommen, nicht mehr wahrhaben will, tut sie so, als litte sie schon nicht mehr. So verfehlt sie Beethoven und sich selbst. Im Raum dieser Verfehlung ist der Klamauk um Beethoven, der, indem er an den Gehalten zetert, diese bestätigt, nur eine neue Form des Kults und des Geschäfts mit ihm. Ein Ausweg ist, die Gehalte laut auszusprechen.

Denn wo immer Beethoven ertönt, klingen die Gehalte mit. Und solange Beethoven gegenwärtig bleibt, unmittelbar zugehörig zur Welt von heute, sind aktuell auch noch sie, *Leiden* und *Freude, Ethos* des *Überwindens, Trost* und *Hoffnung*. Das Interesse an der verbalen Negation der Gehalte Beethovenscher Musik steht in dem Verdacht, im Interesse am Fortbestehen des Bestehenden, an der Leidenslosigkeit des Wohlstands oder eines verbalen Sozialismus, Beethoven zu benutzen, um zu sagen, daß schon kein Leiden mehr sei, gleichzeitig aber ihn zu reproduzieren, zu propagandieren und zu verkaufen, um diese Lüge wieder auszugleichen. Was hilft, sind keine dialektischen Tricks, die alles mit allem verwirren, keine ›Abschaffungs‹-Theorien, die ins Leere stoßen, keine Auswege der vorweggenommenen Versöhnung, die nicht funktionieren können — helfen kann beim Hinhören das Mithören der Rezeptionsgeschichte in der Hoffnungslosigkeit ihrer Hoffnungen.

Ein Ausweg ist, die Beethoven-Rezeption zu wissen: die Gehalte seiner Musik, die sie zur Sprache brachte, das Sichdurchkreuzen der Überwindungsrichtungen und die Benutzbarkeit seiner Musik. Dieses Wissen macht das Bewußtsein frei gegenüber Beethoven, obwohl es noch keine Welt weiß (oder schon denken kann), die ohne ihn sein könnte. In dem Maße aber, in dem das Bewußtsein durch das Wissen der Rezeption sich von ihr befreit und damit von den Inhalten der Geschichte, die in ihr walten, beginnt es Beethoven zu beherrschen und damit die Welt, die in ihm erscheint. Im Raum dieser Distanz, im Gewußten (das jedoch als solches den ganzen Begriff von Kunst, in deren Kontext Beethoven steht, mit zu umfassen hätte), könnte — vielleicht — ein neuer Begriff von Kunst entstehen, als Resultat einer Richtung zur Praxis, zu der Beethoven beiträgt als Aufruf zur Überwindung seiner selbst durch ihn selbst. Wäre so die Apotheose am Schluß dieser Coda die Apotheose Beethovens, so macht doch die Kunst, jene, für die Beethoven ein Inbegriff ist, »dem Denker das Herz schwer«.[128] Denn »wie stark das metaphysische Bedürfnis ist, und wie sich noch zuletzt die Natur den Abschied von ihm schwer macht, kann man daraus entnehmen, daß noch im Freigeiste, wenn er sich alles Metaphysischen entschlagen hat, die höchsten Wirkungen der Kunst leicht ein Miterklingen der lange verstummten, ja zerrissenen metaphysischen Saite hervorbringen, sei es zum Beispiel, daß er bei einer Stelle der Neunten Symphonie Beethovens sich über der Erde in einem Sternendome schweben fühlt, mit dem Traume der Unsterblichkeit im Herzen: alle Sterne scheinen um ihn zu flimmern und die Erde immer tiefer hinabzusinken. Wird er sich dieses Zustandes bewußt, so fühlt er wohl einen tiefen Stich im Herzen und seufzt nach dem Menschen, welcher ihm die verlorene Geliebte, nenne man sie nun Religion oder Metaphysik, zurückführe. In solchen Augenblicken wird sein intellektualer Charakter auf die Probe gestellt.«

---

128 Fr. Nietzsche, *Menschliches Allzumenschliches* (1878), I, Aphorismus 153.

ZUR WIRKUNGSGESCHICHTE DER MUSIK BEETHOVENS

THEORIE DER ÄSTHETISCHEN IDENTIFIKATION

In meiner Abhandlung *Zur Geschichte der Beethoven-Rezeption*[1], deren Absicht es war, Beethoven 1970 — anläßlich seiner Befeierung — vor den nivellierenden Neigungen heutiger Lebenswirklichkeit zu schützen, habe ich anhand eines umfangreichen verbalen Rezeptionsmaterials zu zeigen versucht, daß die Beethoven-Rezeption von Anfang an und bis heute gekennzeichnet ist durch das Zur-Sprache-Bringen musikalischer Gehalte, die als solche — unbeschadet der für die Musik überhaupt apostrophierten Begriffslosigkeit — begrifflich benennbar sind und die in Beethovens Musik offenbar einen so hohen Grad von Bestimmtheit haben, daß diese Musik die Benennung ihrer Gehalte besonders provoziert.

Dabei hat sich ergeben, daß es — trotz aller geschichtsbedingten Unterschiedlichkeit der Rezeptionssubjekte und auch unabhängig von sich etablierenden Rezeptionstraditionen — bei der Benennung der Gehalte von Beethovens Musik »Konstanten« gibt, die bei dem diachronischen Durchgang durch das überlieferte Rezeptionsmaterial als konstante »Begriffsfelder« (Wortfelder der Rezeptionssprache) erscheinen und zum Beispiel als Erlebensmusik, biographischer Gehalt der Musik, Autorität, Inbegriff usw. benennbar sind[2], und daß im Mittelpunkt dieser Konstanten der Beethoven-Rezeption die Wortfelder stehen, die durch die Begriffe Leidensnotwendigkeit und Ethos und durch die Begriffstrias Leiden—Wollen—Überwinden benannt werden können und die auch dort präsent sind, wo sie bewußt ausgeklammert oder negiert werden.

Dies führte zu der These, »daß die verbale Rezeption in der homogenen Grundschicht ihrer Begriffsfelder die Gehalte der Musik Beethovens zum Begriff gebracht hat und in der Konstanz ihrer Essenzen das Rezeptionsobjekt als das definiert, was es ist«.[3]

Hieran anknüpfend sei zunächst die mit der Rezeptions- oder Wirkungswissenschaft von Kunst gesetzte Frage nach dem Subjekt-

---

[1] Oben S. 11ff.
[2] Ebenda, S. 52ff.
[3] Ebenda, S. 96.

Objekt-Verhältnis thematisiert. Schon in dieser kurzen Zusammenfassung meiner Abhandlung sprach ich — wohl ohne daß dies zunächst besonders auffiel — von dem »Rezeptionssubjekt« in seiner Geschichtsbedingtheit, also dem Menschen, der die Musik Beethovens rezipiert und der eine Wirkung als solche überhaupt erst realisiert, und von dem »Rezeptionsobjekt, Beethovens Musik, die von dem Menschen rezipiert und dabei als dasjenige angesprochen, bestimmt (definiert) und beurteilt wird, was sie — zunächst für ihn — ist. Subjekt und Objekt fungieren hier nicht in einem erkenntnistheoretisch metaphysischen, sondern im logischen, grammatikalisch sich ausprägenden Sinne des »Bestimmenden« (Subjekt) und des als Gegenstand »Bestimmten« (Objekt). Spricht man nun aber statt von »Rezipieren« von »Wirken«, so ist die von Beethoven komponierte Musik das Subjekt (das »Bestimmende«), das wirkt, und das Objekt (das »Bestimmte«) ist der Rezipient, auf den sie wirkt. Bringt man jedoch die Geschichte ins Spiel, so ist wiederum der die Musik rezipierende Mensch das Subjekt; denn nur er und mit ihm zusammen die Wirkung der Musik haben Geschichte, während die Musik — jedenfalls als Notentext — gleichbleibt: Der Mensch als Subjekt hört diese Musik, und er versteht (er »bestimmt«) sie als geschichtliches Subjekt immer wieder anders.[4]

---

[4] Diesen Aspekt betont Zofia Lissa in ihrem Aufsatz zur *Theorie der musikalischen Rezeption*, in: Z. Lissa, *Neue Aufsätze zur Musikästhetik*, Wilhelmshaven 1975: »Jede Generation reinterpretiert dieselben Musikwerke aufs neue ...« (S. 118). Dabei gibt es deren »objektive Eigenschaften«, und »die Konfrontation des Werkes mit dem historisch, ethnisch, gesellschaftlich und national herausgebildeten menschlichen Bewußtsein entscheidet darüber, ob die objektiven Eigenschaften des Werkes zum ›ästhetischen Wert‹ werden« (S. 112). Worin aber die »objektiven Eigenschaften« bestehen und welche Rolle sie im Verstehensprozeß von Musik spielen, bleibt offen, während — wie heute allgemein in der Rezeptionsforschung — das theoretische Interesse einseitig auf die »subjektiven«, dauernd und überall andersartigen Bedingungen der Musikrezeption gerichtet ist: »Die Tatsache, daß die Rezeption der Musik verschiedener Völker und Gesellschaftsgruppen oder geschichtlicher Epochen differenziert ist, führt zur Er-

Dem totalen Relativismus dieses Aspekts aber widerspricht das Ergebnis meiner Studie, das darauf hinausläuft, daß es in der Geschichte des Wirkens und Rezipierens der Musik Beethovens entschiedene Konstanten gibt (konstante Überschneidungsbereiche der zur Sprache gebrachten Wirkung), die — da sie als solche in den unterschiedlichsten, ja in allen Rezeptionssituationen erscheinen — die Musik als Subjekt ihrer Rezeption bestimmen.

Es ergibt sich daraus, daß die Begriffe Subjekt/Objekt offenbar nicht geeignet sind, um die Rezeptionsfrage zu bedenken. Das Rezeptionssubjekt, das die Musik vernimmt, ist zugleich das Objekt, auf das sie wirkt, und umgekehrt ist die Musik, von der als Subjekt die Wirkung ausgeht, zugleich das Objekt, das vernommen wird.

Daraus folgt, daß beim Wirken und Vernehmen von Musik der Subjekt-Objekt-Bezug aufgehoben ist in einen Begriff der Identität derart, daß hier das Subjekt zugleich Objekt und das Objekt zugleich Subjekt ist. Diese Aufhebung oder Auslöschung des Subjekt-Objekt-Verhältnisses im Bereich der Kunstmusik nenne ich die ästhetische Identität und als Prozeß die ästhetische Identifikation, und ich erkläre sie aus dem ästhetischen Prinzip musikalischer Werke (das ich an anderer Stelle ihren ästhetischen Wert nannte).[5]

---

kenntnis der völligen Relativität dessen, was wir über ein Musikwerk aufgrund der individuellen Aufnahme aussagen können« (S. 121). Die Rezeptionswissenschaft von der in solcher Einseitigkeit gelegenen Übertreibung zu reinigen, gehört zu den erklärten Absichten dieses Textes. — Im Aufsatz von Zofia Lissa findet sich allerdings auch folgende Aussage (S. 121), die dort ganz unvermittelt steht und unserer Auffassung nahekommt: »Trotz dieser Unterschiede sind gewisse Merkmale der Rezeption intersubjektiv, das heißt allen rezeptorischen Gruppen gemeinsam, was schon allein aus den objektiven Merkmalen des perzipierten Werkes folgt. Die Rezeption trägt nur gewisse Schattierungen zur Perzeption bei und ändert nichts an dem ganzen Komplex der grundsätzlichen Deutung eines Werkes.«

5 H. H. Eggebrecht, *Musikalisches Werk und ästhetischer Wert*, Referat beim Musikwissenschaftlichen Kolloquium »Musik — ideelles und gesellschaftliches Wesen, ästhetischer Wert« im Herbst 1975 in Brünn, in: ders., *Musikalisches Denken. Aufsätze zur Theorie und Ästhetik der Musik*, Wilhelmshaven 1977.

Ästhetische Identifikation verstehe ich gemäß der zweifachen Bedeutung des Begriffs der Identifizierung in dem doppelten (voneinander abhängigen) Sinn, daß das sinnliche Verstehen das ästhetisch intendierte Gebilde als das »identifiziert« (erkennt, »wiedererkennt«), was es seinem intendierten Sinn nach für die Sinne sein will, und daß das sinnliche Verstehen dabei zugleich mit diesem Sinn sich »identifiziert« im Sinne einer »Identität«, einer Gleichwerdung von intendiertem Sinn und sinnlichem Verstehen.[6]

Das ästhetische Prinzip eines Musikwerkes ist der im Akt der Komposition in ihm festgemachte musikalische Sinn, der als ästhetischer, das heißt als in einem sinnlichen Material für die Sinne bestimmter Sinn, von sich aus die ästhetische Identität (zwischen Musik und Hörer) herstellt, indem er sich dem auf ästhetische Rezeption eingestellten Hören zu verstehen gibt. Dieses Sich-zu-verstehen-Geben des musikalischen Sinns im Prozeß der ästhetischen Identifikation beruht darauf, daß in einer Komposition — auf der Basis eines vorkompositorischen geschichtlichen Systems des musikalisch Geltenden, dieses konkretisierend und innovierend — jedes Partikel (Ton, Klang, Dauern usw.) in Beziehung gesetzt ist zu anderen Partikeln, die alle und zumeist in vielfacher Weise sich einander determinieren und zueinander funktional sind, wobei sie sich gegenseitig definieren als das, was sie ihrem Sinne nach sind.

Jede ästhetisch intendierte Musik[7] ist intentional ein System von Definitionen, die beim Erklingen der Musik als Definitionsprozesse

---

6 Nicht mitgemeint im Begriff der Identifikation ist hier dessen Bedeutung als Verschmelzungstrieb des Subjekts mit einem als Ideal angesehenen Muster. Ästhetische Identifikation als Voraussetzung des Verstehens von Musik kann durchaus von Distanzierung begleitet sein oder sie zur Folge haben.
7 Unter »ästhetisch intendierter Musik« verstehe ich jene Musik, die es erst zusammen mit dem Aufkommen von Begriff und Sache der »Ästhetik« im 18. Jahrhundert gibt (und die auch der Begriff »autonome Musik« umschreibt) und für die die Musik der Wiener Klassik und insbesondere die Kompositionsart Beethovens zum Paradigma wurde. Ihr Merkmal ist die Loslösung von den intendierten Funktionen (nicht von Funktionen überhaupt!) und damit in eins die gesteigerte Durchorganisation ihrer Struktur intentional in Richtung einer Versinnlichung

sich jedesmal aufs neue ereignen. Und das musikalische Hören ist das ästhetische Verstehen oder — bei neuer Musik — das Verstehenlernen dieser binnenmusikalischen Definitionsprozesse, die als aktuelles Ereignis das Hören lenken, es zu sich hin ziehen und in ihren Bann schlagen. Das ästhetisch intendierte Werk vermag die Dechiffrierung seines Sinnes (auch als Lernvorgang) in dem Maße durch sich selber zu bewirken, als es sich bei seinem Erklingen als Sinngefüge jedesmal ad hoc definiert. Und das musikalische Hören ist der Mitvollzug dieses Prozesses, der das Gegenüber von Musik und Hörer auslöscht und die ästhetische Identifikation zur Folge hat.

Hierin ist — woran jetzt nur nebenbei erinnert sei — die Musik anders, intensiver als die anderen Künste, so daß deren Rezeptionsprinzipien nur bedingt mit denen der Musik übereinstimmen. Das Sprachkunstwerk zum Beispiel bedarf weit weniger existentiell einer syntaktischen Definition seiner Elemente, da diese als Wörter schon selbst sinn- oder bedeutungshaltig sind, während der Ton, das Element der Musik, als einzelner noch keinen musikalischen Sinn hat und diesen erst durch die Beziehungen zu anderen Elementen erhält. Daher ist die Syntax als Definitionsgefüge des Sinnes oder der Bedeutung in dem Musikwerk gegenüber dem Sprachwerk weit wesentlicher, genauer, vielschichtiger, gegenwärtiger, sinnlicher (»ästhetischer«) und in ihrer Wirkung unmittelbarer, was die für die Musik kennzeichnende Unmittelbarkeit der ästhetischen Identifikation zur Folge hat. Und indem das Wort als Element des Sprachkunstwerkes eine vorkünstlerische Bedeutung bereits hat, der gegenüber der Wortbegriff des Rezipienten mehr oder weniger abweichen kann, schiebt sich hier in den Identifikationsprozeß die Distanz der Wortverständnisse ein, die bei dem Musikwerk in dem Maße entfällt, als es im Wesen ästhetisch intendierter Musik gelegen ist, daß sie ihre Elemente augenblicklich definiert. Beethovens

---

spezifisch musikalischen Sinns und Gehalts durch die binnenmusikalischen Definitionsprozesse. (Hierzu H. H. Eggebrecht, *Funktionale Musik*, in: Archiv für Musikwissenschaft XXX, 1973, S. 1ff. und der in Anm. 5 genannte Titel.)

Kompositionsart ist nicht zuletzt dadurch zum Inbegriff von Musik erhoben worden, daß ihr binnenmusikalischer Definitionsprozeß ein Höchstmaß an für die Sinne ad hoc verdeutlichter Sinnfülle erzeugt.

Die ästhetische Identifikation (deren Ergebnis die ästhetische Identität ist) bildet das Zentrum, den »Kern« der Wirkungs- und Rezeptionsgeschichte eines Musikwerks. Und dieser Kern ist konstant. Zu erweisen wäre dies im Blick auf den musikalischen Sinn einerseits durch die Dokumente der musikalischen Analyse als des Zur-Sprache-Bringens musikalischen Sinns. So viele Analysen eines bestimmten Werkes von Beethoven es auch geben mag und so verschieden sie sind, indem sie aus dem Sinnpotential des Werkes verschiedene Sinnhaltigkeiten aktualisieren, entdecken und selektieren, so können (was allerdings bisher noch nicht durchgeführt worden ist) diese Analysen doch auch unter dem Blickpunkt betrachtet werden, inwieweit sie in gegenseitiger Ergänzung ein Ganzes bilden und in diesem Ganzen ein Überschneidungsfeld der Sinnaussagen erkennen lassen, das als solches eine Konstante darstellt und auf den Kern verweist.

Zu erweisen ist die Konstanz der ästhetischen Identifikation (die ein in seiner Mitte konstantes musikalisches Verstehen zur Folge hat) andererseits und vor allem durch das Prinzip der ästhetischen Identifikation selbst. Diese — obwohl stets an geschichtliche Gebilde, Situationen und Personen geknüpft — ist selbst kein geschichtlich bedingter Prozeß, sondern so immer wieder ein und dieselbe, wie ja die binnenmusikalischen Definitionsprozesse, die den Sinn zu verstehen geben, immer die gleichen bleiben. Und auch der Hörer gerät — obwohl geschichtlich determiniert — kraft der ästhetischen Identifikation jenseits seiner Geschichtlichkeit, insoweit sein aktuelles Ich (das Hören als sein augenblickliches sinnliches Bewußtsein) durch die Aktualität der Definitionsvorgänge okkupiert wird, deren Mitvollzug ihm den musikalischen Sinn zu verstehen gibt. Das ästhetische Verstehen steht so jenseits von Geschichte und von Vergleichen überhaupt, wie es dem ästhetischen Gebilde selbst wesensfremd ist, Geschichte mitzuteilen und ein Vergleichen zu bewirken. Zum Wesen der ästhetischen Identifikation gehört das Ausschließende ihrer Aktualität, in dem die Konstanz des Verstehens beheimatet ist.

An dem musikalischen Sinn, ihm innewohnend, mit ihm identisch, ihn bestimmend, aus ihm sprechend, haftet der Gehalt. (Sinn und Gehalt in der Musik sind zwei Seiten derselben Sache.) Und so ist es — was mir beim Erarbeiten und Schreiben meiner Studie über die Geschichte der Beethoven-Rezeption noch nicht klar war — die Konstanz der ästhetischen Identität, welche die in der Konstanz der Begriffsfelder faßbare Rezeptionskonstanz der Gehalte verursacht.

Denn diese erklärt sich eben nicht, jedenfalls durchaus nicht nur durch Rezeptionstraditionen, Konnotationen, die sich auf dem Begriff Beethoven ablagern, verbale Rezeptionstopoi, Vorstellungsstereotype, die das Rezeptionsurteil präformieren und somit keinen primären Bezug zu Beethovens Musik mehr haben. Ich habe gezeigt und betont, daß auch das spontane verbale Reagieren auf die Aussagen der Musik Beethovens stets im Sinne der Begriffsfelder erfolgt und daß auch jenes Sprechen über Beethoven, das bewußt von der tradierten Rezeptionssprache sich freimachen will[8], und jene Werkanalysen, die betont jede gehaltliche Interpretation vermeiden wollen[9], in der Wahl ihrer Worte und in ihrer Beschreibungssprache unausweichlich die Konstanz der Begriffsfelder nur immer bestätigen.

Die ästhetische Identifikation als das erklärende Prinzip (der Schlüssel) dieser Phänomene hat jedoch nicht nur die Eigenschaft der Konstanz, die Macht des Ausschließenden und die Kraft der Geschichtslosigkeit, demzufolge Sinn und Gehalt ästhetisch konzipierter Musik als in ihrem Kern konstant rezipiert werden, sondern auch die Eigenschaft und Macht der Immunität. Der Mitvollzug der binnenmusikalischen Definitionsprozesse, der die Identität von Werk und Hörer verursacht, führt gerade deshalb zu immer wieder gleichartigen, sich ähnelnden, sich überschneidenden und in diesem

---

8 *Zur Geschichte der Beethoven-Rezeption*, oben S. 20ff.
9 Oben S. 66ff.

Ähnlichkeits- und Überschneidungsbereich konstanten Feldern des Verstehens, weil er als ästhetischer Prozeß in seinem Prinzip immun ist gegenüber allem, was außerhalb seiner liegt. Es ist nicht möglich, diesen Prozeß in seinem Zustandekommen geschichtlich abzuleiten oder aufzuschlüsseln, ihn klassenmäßig, national oder ethnisch zu differenzieren oder in bestimmte Richtungen zu lenken, ihn soziologisch zu dechiffrieren oder sozialkritisch zu zerstören. Er ist in seinem Kernbereich immer der gleiche, transportabel in jede soziale Situation und unzerstörbar, und er hat allein die Einstellung aufs musikalisch Ästhetische, die ästhetische Prädisposition zu seiner Voraussetzung. Man kann gegebenenfalls nur sagen: Der Prozeß stellt sich noch nicht oder nicht mehr ein, weil die Fähigkeit des ästhetischen Verstehens noch nicht oder nicht mehr vorhanden oder weil sie gestört ist. Ästhetisches Verstehen von Musik ist jedoch erlernbar; und dieses Lernen ist primär ein ästhetischer Akt: das Verstehen-Lernen ästhetischer Definitionsprozesse, durch welche sich zu verstehen gibt, was die Töne nach Sinn und Gehalt bedeuten. Das musikalische Werk bildet, als Sinnsystem, selbst ein ihm fremdes Bewußtsein zu sich hin.

Das Verhältnis zwischen ästhetischer Identifikation und musikalischer Analyse ist so zu bestimmen, daß die ästhetische Identifikation primär ein rein ästhetischer Prozeß ist, der als begriffsloses Verstehen (oder Verstehenlernen) weit komplexer, umfassender, vollständiger ist, als jede Analyse es sein könnte, die gegenüber der Komplexität des ästhetischen Verstehens nur selektiv verfahren kann. Ästhetisches Verstehen ist als ein in seinem Prinzip begriffsloses Verstehen ebenso die eigentliche Instanz des musikalischen Verstehens, wie das musikalische Denken als ein begriffsloses Denken die maßgebende Instanz des kompositorischen Prozesses ist.[10] Musikalische Analyse vermag dem sinnlichen Verstehen klarzumachen (beschreibend oder visuell oder durch Zeichen), was dieses in seinem begriffslosen Begreifen ohnehin schon begriffslos weiß oder wissen kann. Allerdings hat musikalische Analyse außer solcher

---

10 Ders., *Musikalisches Denken*, a.a.O.

Bestätigungsfunktion zugleich auch objektivierende, entdeckende und bereichernde Funktion, wie es Harry Goldschmidt anhand seiner Begriffe des »intuitiven« und des »kognitiven Verstehens« erörtert hat.[11] Man muß sich jedoch klarmachen — und dies allein sei in diesem Zusammenhang betont —, daß es neben dem begrifflichen Verstehen, dem kognitiven Begreifen, auf das die musikalische Analyse abzielt, auch das begriffslose Verstehen gibt, mit dem die ästhetisch intendierte Musik in der Ausschließlichkeit rechnet, daß sie es abweist, auf Analyse angewiesen zu sein: Sie will so sein, daß sie die ästhetische Identifikation auslöst, das heißt, daß sie ihren Sinn (auf Dauer — »zeitlos«) zu verstehen gibt »durch sich selbst«, indem sie selbst ihren Sinn für die Sinne definiert.

Nun allerdings bildet die ästhetische Identifikation von Musik und Hörer, die dem musikalischen Verstehen des ästhetisch intendierten Musikwerkes jene geschichtslose Mitte verleiht, welche sich in der Konstanz der Begriffsfelder bekundet, nur den beständig mit sich selbst identischen »Kern« in der Wirkungs- und Rezeptionsgeschichte der Musik Beethovens. Um diesen Kern herum gibt es — um weiterhin im Bilde zu sprechen — eine variable, dauernd sich verändernde und von Subjekt zu Subjekt verschieden strukturierte »Hülle«. Nicht in dem Kern, dem ästhetischen Mitvollzug ästhetischer Definitionen, sondern zunächst in dieser unmittelbar um den Kern gelagerten Hülle ereignet sich die Geschichte.[12]

In den Bereich dieser Hülle gehört zum Beispiel — um es zunächst an einfachen Fällen zu zeigen — die Bevorzugung bestimmter Werke Beethovens oder der Überdruß an Beethoven über-

---

11 H. Goldschmidt, *Musikverstehen als Postulat*, in: *Musik und Verstehen. Aufsätze zur semiotischen Theorie und Soziologie der musikalischen Rezeption*, hg. von P. Faltin und H.-P. Reinecke, Köln 1973, S. 67ff.

12 Mit den metaphorischen Ausdrücken »Kern« und »Hülle« ist keine Präferenz der wissenschaftlichen Fragestellung gemeint, sondern das Innere und Invariable (Feste, Konstante) gegenüber dem Äußeren und Variablen des ästhetischen Verstehens. Wissenschaftliches Interesse kann auch das Variable zur Hauptsache erheben (vgl. oben Anm. 4); hier aber ist der »Kern« thematisiert.

haupt[13], der Informationsschwund durch Hörabnutzung[14], auch die Hinwendung zum »unbekannten Beethoven«.[15] Es ist klar, daß es hier Verschiedenheiten und Geschichte gibt, aber ebenso gewiß ist, daß dies alles den Prozeß der ästhetischen Identifikation nicht tangiert. Bevorzugung und Überdruß sind vorübergehend; die Wirkung des unbekannten Beethoven zehrt von dem bekannten, und die (wohl ebenfalls nur zeitweilige) Hörabnutzung bedeutet eine Schwächung der Intensität der ästhetischen Mitteilung, betrifft jedoch nicht das ästhetische Verstehen selbst.

Auch die individuell und generationsmäßig verschiedene Hörerfahrung, der geschichtsgeprägte Horizont des musikalischen Bewußtseins, gehört zur Hülle der Rezeption, nicht zum Kern. Denn es ist durchaus nicht der Fall, daß beim Hören der Werke Beethovens die nachbeethovensche Musik, Romantik und Expressionismus, Atonalität und Aleatorik, Jazz und Schlager, in den Akt des musikalischen Verstehens unmittelbar hineinspielt (gleichsam mitredet). Das ästhetische Verstehen (oder auch: die ästhetische Erwartung) hat die Eigenschaft, dem aktuellen Ereignis von Musik so ausgeliefert zu sein, daß es jede andere Aktualität zu vergessen vermag. Als ein in sich stimmiges und in seiner Stimmigkeit sich selbst erläuterndes System ist das musikalische Sinngefüge totalitär; es inscribiert seinen Sinn und Gehalt in die Seele des Zuhörers wie auf eine tabula rasa. Denn die ästhetische Erwartung ist nicht nur bereit, sondern auch fähig, sich auf diese Ausschließlichkeit einzulassen — fähig infolge der in sich geschlossenen Systemlichkeit des musikalischen Werkes.

Die Polyversibilität des Rezipienten, die Fähigkeit, zum Beispiel in ein und demselben Konzert zuerst etwa auf Bach, dann auf Beethoven, dann auf Wagner und auf Schönberg verstehend sich einzulassen, ist primär kein geschichtlich erworbenes, durch Gewöhnung erlernbares Vermögen, sondern die Folge der sich beim Hinhö-

---

13 *Zur Geschichte der Beethoven-Rezeption*, oben S. 14f.
14 Oben S. 32.
15 Oben S. 98.

ren einstellenden ästhetischen Identifikation in ihrer ausschließenden Kraft. Möglicherweise vergleicht der Hörer die Werke und fühlt sich durch den einen Komponisten mehr oder anders angesprochen als durch den anderen, so daß sich ihm die Werke gegenseitig in verschiedenes Licht rücken. Aber dieses Vergleichen und das Bewußtsein der Verschiedenheit findet im Bereich der Hülle statt und setzt den Kern voraus.

Auch der Grad der musikalischen Bildung, das Milieu des Rezipienten, seine Nationalität, seine Kulturgeprägtheit, sein Geschmack stehen außerhalb des Kerns, jenseits des Prozesses der ästhetischen Identifikation, die das musikalische Verstehen zu ihrem Ergebnis hat. Denn für die ästhetische Identifikation gilt nur, daß sie entweder stattfindet oder nicht, auch erlernbar ist und mehr oder weniger intensiv (vollständig) sein kann. Die binnenmusikalischen Definitionsprozesse haben als Stiftung ästhetischen Sinns für die Sinne die Fähigkeit, das ästhetische Vermögen, indem sie es wecken, zugleich zu sich hin zu lenken und in ihrer Sinnstiftung sich gegen die bildungsmäßige, milieubedingte, nationale, kulturelle und geschmackliche Präformiertheit des Hörers durchzusetzen. Die individuelle Situation des Rezipienten bedingt zwar unterschiedliche Grade (ein Mehr oder Weniger) des musikalischen Verstehens, das als solches jedoch in allen seinen Graden immer auf dem Wege ist zu seiner Vergleichbarkeit mit sich selbst und in dieser Vergleichbarkeit seine konstante Mitte hat.

Auch der Hinweis darauf, daß die binnenmusikalischen Definitionsprozesse nicht alles definieren, sondern neben der intendierten Mehrdeutigkeit (die eine Steigerung des Sinnpotentials beinhaltet und die als solche rezipiert wird) auch »Offenes«, Undefiniertes enthalten, dessen »Ausfüllung durch Verstehen« dem Hörer überlassen bleibt, berührt nicht den »Kern« der Rezeption, die ästhetische Identifikation, die in ihrer Konstanz durch das Definierte zustande kommt und so weit reicht wie dieses. Genauer: Im Undefinierten ästhetisch intendierter Musik wird ein Stück »Hülle« (Variabilität des ästhetischen Verstehens) kompositorisch schon mitgeliefert, das hier allerdings musikalisch als Undefiniertes definiert ist und insoweit doch zum Kern gehört. Indessen läßt gerade die ästhetisch intendierte Musik in ihrer paradigmatischen Art relativ wenig »offen« (da es ihre Intention ist, eindeutig und unmittelbar ästhetisch verstehbar zu sein). Eine intentional »offene« Musik (noch dazu ohne die Definitionskraft der Tonalität) erschwert die ästhetische Identifikation (ist demnach weniger »ästhetisch« intendiert, hat einen modifizierten Begriff des musikalischen Verstehens), während »alte«, noch nicht ästhetisch intendierte Musik nicht unmittelbar ästhetisch, sondern (jedenfalls heute) nur »vermittelt« verstehbar ist.

Was nun weiterhin die Reproduktion der Werke betrifft, so scheint sich hier ein anderes Verhältnis von ›Kern und Hülle‹ zu bekunden als bei den bisher zur Sprache gebrachten Aspekten. Denn bei der Verschiedenheit der Aufführungen einer Komposition etwa Beethovens braucht es sich nicht bloß um unterschiedliche Grade des Verstehens zu handeln, sondern kann eine qualitative Verschiedenheit des Verstehens selbst zutage treten, die sich in der Verschiedenheit der praktischen Interpretationen ausprägt und als Interpretationsgeschichte erscheint, wie sie im Falle Beethovens ab der Zeit um 1910 in Schallaufzeichnungen dokumentiert ist. Hierbei nun wird der Kern der Rezeption, in dem die Konstanz des musikalischen Verstehens beschlossen liegt, tangiert, jedoch keineswegs aufgehoben. Denn es ist keine Aufführung eines bestimmten Werkes von Beethoven denkbar, bei der dieses nicht als solches wiedererkennbar ist. Und zunächst diese Tatsache verweist auf den hier gemeinten Kernbereich der als musikalisches Verstehen beständig mit sich selbst identischen ästhetischen Identifikation.

Zu betonen ist aber, daß es auch bei der Verschiedenheit der praktischen Interpretationen Grade des Verstehens gibt. Nur ein falscher Historismus läßt jede geschichtlich dokumentierte Interpretation als historisches Zeugnis des Verstehens gleichsam »unmittelbar zu Gott« gelten. Nicht nur ist bei musikalischen Aufführungen nicht selten Schlamperei, Eitelkeit, Blindheit und Dummheit im Spiel, sondern es gibt auch — selbst bei »berühmten Interpreten« — Auffassungen und Realisationen eines Werkes, die von dem als Sinngefüge der Kompositionen zu analysierenden Sinn so weit sich entfernen, daß die Aufführung objektiv zu einer Verfehlung wird. Und dies kann sogar ganze Interpretationsschulen und -generationen betreffen, wobei jedoch die Komposition als Definitionssystem ihres Sinnes es zu ihrer Eigenschaft hat, die Interpretation zu ihrer konstanten Mitte wieder zurückzuholen.

Man kann — unter dem Aspekt der Interpretationsgeschichte — die Verschiedenheit der Realisationen eines Werkes konstatieren und zu begründen versuchen. Man kann aber auch — unter dem Aspekt der Konstanz der ästhetischen Identifikation — erkunden (und anhand von musikalischer Analyse begründen), in welchem Interpretationsfeld diese Verschiedenheiten ihren konstanten Schnittpunkt haben, wobei allerdings auch hier die zum Klischee erstarrten Rezeptionstraditionen zu berücksichtigen sind.

Nicht anders verhält es sich mit der verbalen Rezeption der Musik Beethovens, die nun abermals ins Blickfeld rückt. Sie bietet unter allen Rezeptionsformen die dichteste, am weitesten zurückreichende und stetigste Dokumentation des Verstehens. Dabei kann unterschieden werden zwischen einerseits der analytischen Interpretation, die das Sinngefüge der Komposition als Formung betrachtet, und andererseits dem Ansprechen des (dem Sinngefüge innewohnenden) Gehalts der Musik, das teils bewußt in die analytische Arbeit integriert ist, teils auch unbewußt (durch die Wahl der Beschreibungswörter) erfolgt, oft jedoch unmittelbar, nicht selten spontan die Wirkung der Musik in Sprache transformiert.

Was die Formungsanalysen eines Werkes betrifft, so gibt es hier ebenfalls sowohl Analyse-Traditionen, die ein gegenüber dem analytischen Zugriff verselbständigtes Dasein bloß in der »Hülle« führen, als auch Verschiedenheiten (je nach Analyse-Aspekt, -Ansatz und -Methode) und bei all diesen Verschiedenheiten jenen Überschneidungsbereich, der den Kern umschreibt, demgegenüber die Verschiedenheit des analytischen Verstehens zu Graden des Verständnisses wird und sich zum Beispiel die vom metrischen Prinzip der Auftaktigkeit her gedachten Phrasierungs-Analysen Hugo Riemanns nicht selten als schlichtweg falsch erweisen.

Genauso verhält es sich mit der Rezeption, die auf die Gehalte der Musik Beethovens reagiert. Man kann auch sie unter jenen vier Aspekten betrachten. Unter dem Aspekt der Rezeptionstradition wird das Material befragt nach den sich gegenüber dem unmittelbaren Wirken der Musik verselbständigten Rezeptionstopoi, die als verbale Klischees gänzlich der Hülle angehören. — Unter dem Aspekt der Rezeptionsvarianten werden die Unterschiede und Nuancen, die Akzentuierungen und Veränderungen im gehaltlichen Ansprechen der Musik Beethovens herausgearbeitet im Sinne der Rezeptionsgeschichte. — Unter dem Aspekt der Rezeptionskonstanz, unter dem ich die Beethoven-Rezeption betrachtet habe, werden die Rezeptionstopoi als solche erkannt und relativiert und die Überschneidungsbereiche der Rezeptionsaussagen benannt, was zu den »Begriffsfeldern« führte, deren Konstanz ich nun hier durch die Theorie der ästhetischen Identifikation zu erklären versuchte. — Von daher und unter Einbeziehung des analytischen Zugriffs können die Verfehlungen des Verstehens dingfest gemacht und erklärt werden.

Hierfür hat nach dem Erscheinen meiner Abhandlung *Zur Geschichte der Beethoven-Rezeption* Peter Schnaus in seiner Dissertation über *E. Th. A. Hoffmann als Beethoven-Rezensent der Allgemeinen Musikalischen Zeitung*[16] ein Beispiel gegeben. Gemessen an den von mir benannten Begriffsfeldern, die bereits E. Th. A. Hoffmann in vieler Hinsicht bezeugt (Erlebensmusik; Inbegriff; Autorität [Genie]; Verkündigung; das Neue; das Einmalige[17]), fehlt in seiner 1810 erschienenen Rezension der Fünften Symphonie Beethovens analytisch das Ansprechen des dynamischen, entwicklungsmäßigen, zielgerichteten Grundzugs dieses Werkes und dementsprechend gehaltlich das Begriffsfeld Ethos, das seinerseits die für die spätere Beethoven-Rezeption zentrale Begriffstrias Leiden

---

16 Freiburger Schriften zur Musikwissenschaft VIII, München und Salzburg 1977.
17 Ebd., S. 143.

(Leidensnotwendigkeit)/Wollen/Überwinden voraussetzt. Dementsprechend tauchen auch andere, damit verbundene Begriffe (Wollen; Kampf; Sieg/Freude, Versöhnung) hier nicht auf, während — nach Schnaus — die Begriffe »strahlende Helligkeit«, »Trost und Hoffnung« bei Hoffmann »gerade nicht das Wesentliche dessen ausmachen, was ihm die Fünfte Symphonie als Ganzes zu verkünden scheint«[18], und in der Lichtsymbolik die Ausdrücke »Dunkel«, »Nacht«, »Schatten« bedeutungsvoll sind.[19]

Dies alles und besonders das Fehlen jener Begriffsfelder, die dann in der späteren Beethoven-Rezeption die konstante Mitte bilden, ist nicht zu erklären als eine Rezeptionseigenheit, die Beethovens Symphonie als Möglichkeit ihres Verstehens in sich birgt. Vielmehr ist die Abweichung von den Begriffsfeldern hier dadurch begründet, daß Hoffmann — von dieser Musik so ergriffen, daß sie ihm zum Inbegriff wird — in diesem Werk seinen Begriff von Musik als der metaphysischen Botschaft eines ewig gleichen unendlichen Seins inbegrifflich verwirklicht zu finden sucht, und dies in der Weise, daß er ein aus der literarischen Frühromantik stammendes, dort durchreflektiertes Begriffsrepertoire (»Romantik«, »Geisterreich«, »Ahnung«, »Sehnsucht«) auf dieses konkrete musikalische Werk überträgt, ihm gleichsam überstülpt, dabei jedoch wesentliche Züge dieser Musik verkennt, »verzerrt ... durch die Optik frühromantischer Begrifflichkeit«[20], wie Schnaus es ausdrückt.

In der Sprache meines Textes formuliert, handelt es sich hier darum, daß ein in der Subjektivität des Rezipienten gelegenes Vorverständnis von Musik das Verstehen der binnenmusikalischen Definitionsprozesse dieses konkreten musikalischen Werkes beeinflußt, färbt, stört und somit das Zustandekommen der ästhetischen

---

18 Ebd., S. 99f. Während Schnaus den Stellenwert dieser Rezeptionsbegriffe bei Hoffmann im Blick auf dessen Begriffssystem zu recht relativiert, erschien es mir (S. 22f. meiner Abhandlung) wichtig, daß überhaupt diese Begriffe auch schon bei Hoffmann erscheinen.
19 Ebd., S. 143.
20 Ebd., S. 145.

Identifikation behindert. Und dies führt hier zu einem Rezeptionsergebnis, das als solches zwar ein (vom Werk provoziertes) historisches Dokument darstellt, in anderen (und hier wesentlichen) Hinsichten jedoch nicht als Wirkung des Werkes aus sich selbst, sondern als Folge der subjektiven Bedingungen seines Rezipienten zu erklären ist.

Grundsätzlich gilt, daß ein nach Bildung, Milieu, Nationalität, Kulturtradition, Hörerfahrung, Musikauffassung usw. bestimmtes Vorverständnis und Erwartungsmuster bei aller Rezeption interpretierend und selektierend im Spiel ist und das Interesse bei der Erforschung der Wirkungs- und Rezeptionsgeschichte sich auf die Verschiedenheit der Rezeptionsergebnisse konzentrieren kann, die — in Verbindung mit der qualitativen Vielseitigkeit einer Musik — aus der Unterschiedlichkeit des Vorverständnisses zu erklären ist. Umgekehrt aber kann die Rezeptionswissenschaft auch konstatieren, daß und inwieweit diese Verschiedenheiten in Überschneidungsbereichen übereinstimmen, die sich als konstante Begriffsfelder (Begreifens-, Verstehensfelder) eruieren lassen und in ihrer sowohl synchronen als auch diachronen Konstanz durch das Prinzip der ästhetischen Identifikation zu begründen sind. Diese Überschneidungsbereiche in ihrer Identität reflektieren die Identität des Werkes mit sich selbst und lassen die Rezeptionsvarianten als die geschichtlichen Bewegungen um eine als ästhetisches Definitionssystem beharrliche Mitte, als fluktuierende »Hülle« um einen konstanten »Kern« erscheinen.

Nun allerdings gibt es in der Wirkungsgeschichte der Musik Beethovens noch eine zweite Art von Variablen, die nicht (wie die bisher genannten) die ästhetische Identifikation in ihrem Zustandekommen behindern und graduell abstufen, sondern sie voraussetzen (mitsamt ihren Behinderungen und Abstufungen) und das Verstehen der Musik auf der Basis und im Zusammenhang mit seiner Konstanz selbst variabel machen. Diese um den konstanten »Kern« und seine bewegliche »Hülle« (und um die Beziehungen zwischen beiden) gelegene Größe sei hier die »Lebenswirklichkeit« genannt, die individuelle sowohl als auch die sie mitbedingende gesellschaft-

liche Lebenswelt, die als »Interpretator« des musikalischen Verstehens, des Ergebnisses der ästhetischen Identifikation, fungiert, und zwar in jenem Verstehensbereich der Musik, den diese selbst nicht definiert, sondern offen läßt. Dies sei näher erläutert.
Zusammen mit dem Mitvollzug der binnenmusikalischen Definitionsprozesse des musikalischen Sinns ereignet sich das Verstehen des Gehalts, dessen Benennungen ihren Überschneidungsbereich zum Beispiel in dem für die Beethoven-Rezeption konstanten Begriffsfeld *Überwinden* haben, mit den näheren Wirkungsumschreibungen Sieg, Freude, Jubel, Befreiung, womit die als Leiden, Kampf, Widerstand verbalisierten Gehalte mitgesetzt sind. Indessen: Leiden woran? Kampf wofür? Widerstände wodurch? Befreiung wovon? Freude worüber? — dies kann die Musik (jedenfalls als Instrumentalmusik) in ihren binnenmusikalischen Definitionsprozessen nicht mitteilen. Und der wissenschaftliche Nachweis, daß es in Beethovens Musik revolutionäre Idiome gibt, auch durch Beethoven selbst definierte konkrete gehaltliche Topoi, auch bestimmte Ausdruckswendungen aus der Tradition der musikalisch-rhetorischen Figuren und überhaupt Konnotationen musikalischer Bildungen, deren Beethoven sich bedient, bleibt — so wenig unnütz er ist — gegenüber dem ästhetischen Wirkungsprinzip von Musik, ihrem unmittelbaren ›Für-die-Sinne-Sein‹ ein Akzidenz, das — um perzipiert zu werden — ein traditionsgesättigtes oder philologisches Hintergrundwissen voraussetzt, mit dem gerade Beethovens Musik als ästhetisch und für »alle Menschen« und unvergänglich konzipiertes Gebilde gewiß nicht rechnet, und das gegenüber der Eindeutigkeit ihrer ästhetisch zustande kommenden Wirkung (zum Beispiel dem Gefühl der Befreiung und Freude) in der Tat so uneindeutig bleibt, wie es die Beethoven-Rezeption durchgängig bestätigt.
Die an den Prozeß der ästhetischen Identifikation geknüpfte gehaltliche Wirkung der Musik Beethovens reicht nur bis zu jenen Empfindungen und Vorstellungen als solchen; deren konkret benennbare Begründung, Ursache und Richtung liefert sie nicht mit: Dies läßt sie unentschieden.

In dieser Unentschiedenheit hat die (ideologische, politische, nationalistische, militaristische usw.) Benutzbarkeit von Beethovens Musik[21] ihren Grund, und genauer: Gerade weil hier die Gehalte (und zwar jene benannten) so eindeutig sind, jedoch in ihrer Ursache und Richtung musikalisch nicht mitdefiniert werden können, ist Beethovens Musik in besonderem Maße benutzbar.

Die Entscheidung über ihr Unentschiedenes fällt nicht sie, sondern die Lebenswirklichkeit ihrer Rezipienten. Ob Beethovens Musik oder das durch sie definierte »Phänomen Beethoven« rezipiert wird zum Beispiel im Sinne einer Transzendierung des Leidens und seiner Überwindung ins »Sein« der Welt und ins sittliche »Wesen« des Menschen und der Menschheit (wobei das Leiden, so auch das Ethos des Überwindens oder das Verlangen nach Trost als immerwährend gelten) oder ob sie gehört wird im Sinne von Utopie, einer Interpretation ihres musikalischen Gehalts in Richtung zukünftiger Realität, die in der Musik vorwegerscheint und die Kräfte des Menschen zu gesellschaftlicher Praxis aktiviert[22], läßt Beethovens Musik ebenso offen, wie sie sich nicht wehren kann gegen ihre Vermarktung oder Heroisierung, Beschmutzung oder Verherrlichung, Verachtung oder Vergötterung.

Solche Interpretationen musikalischen Gehalts und Auffassungen des Phänomens sind hier keine Variablen gegenüber der Konstanz des ästhetischen Verstehens, an denen das variative Moment sich messen läßt, keine Grade des Verstehens, dessen Verschiedenheiten Überschneidungsbereiche bilden, keine Mißverständnisse der ästhetischen Botschaft, die diese selbst zu korrigieren vermag, sondern Entscheidungen, die — von Beethoven herausgefordert — verschieden ausfallen (bis zur Gegensätzlichkeit) einzig aufgrund der Verschiedenheit der Lebenswirklichkeit als einer gegenüber der Kunst selbständigen Interpretationsinstanz.

Beethovens Musik ist in den Grundzügen ihres ästhetischen Sinns und Gehalts ein für allemal definiert; sie definiert sich selbst

---

21 *Zur Geschichte der Beethoven-Rezeption*, oben S. 93ff.
22 Oben S. 87ff.

im ästhetischen Prozeß ihrer binnenmusikalischen Strukturierung, und dies im »Kern« ihrer Rezeption unabhängig von gesellschaftlichen Prämissen. Sie ist ein gesellschaftliches Phänomen vorab im Blick auf dasjenige, was sie als ästhetisch intendierte Musik nicht definieren kann: die konkrete Verursachung und Zielrichtung ihrer Gehalte. Daß ihre ästhetische Botschaft ästhetisch verstanden wird, dafür sorgt sie selbst. In welcher Art und Weise jedoch das ästhetisch Verstehbare und Verstandene zur Lebenswirklichkeit gelangt, ist Sache der lebenswirklichen Praxis, zu der diese Musik durch dasjenige aufruft, was sie in ihren ästhetischen Entscheidungen unentschieden läßt.

Beethoven und der Begriff der Klassik

Auszugehen ist von der Tatsache, daß Beethoven heute allgemein ein Klassiker genannt wird, in dem spezifischen Sinne der Wiener Klassik, jener musikalischen Klassik, die als Analogon zur Weimarer Klassik sich in der Trias Haydn, Mozart und Beethoven manifestiert. Doch zu fragen ist, was wir über Beethoven aussagen, wenn wir ihn als Klassiker, als einen der drei Wiener Klassiker bezeichnen.

Auch wenn wir die Bezeichnung Klassik (klassisch, Klassiker) in bezug auf Beethoven unreflektiert gebrauchen, wie es heute weithin geschieht, so ist sie doch voller begriffsgeschichtlicher Inhalte: Sie ist — auch wo es uns nicht mehr bewußt wird — inhaltlich vielschichtig präformiert, randvoll beladen mit Aussagen und Verstehensweisen, die sich geschichtlich in dem Wort Klassik versammelt, angesammelt und auf ihm abgelagert haben und die wir aussprechen und mitmeinen, wenn wir Beethoven einen Klassiker nennen.

Wir wollen das Unbewußte uns bewußt machen, den heutigen Wortgebrauch von Klassik in Hinsicht auf Beethoven zur Reflexion bringen. Und dabei werden wir so verfahren, daß wir aus unserem heutigen Begriffsbewußtsein von Klassik im Gedanken an Beethoven Schritt für Schritt die in jenem Wort gelegenen Aussagen stichwortartig zu benennen versuchen, um sie je zu befragen nach ihrer geschichtlichen Herkunft und ihrem konkreten Gehalt.

Wenn wir Beethovens Musik oder die Musik Haydns, Mozarts und Beethovens klassisch nennen, so beurteilen (werten) wir sie mit dieser Benennung als a u s g e z e i c h n e t (erstklassig, erstrangig) und daher v o r b i l d l i c h . Dies ist die bis heute durchgehende Ursprungsbedeutung des Begriffsworts klassisch im Bereich geistiger Tätigkeit, klassisch als normativer, wertender (Normen, Maßstäbe setzender) Begriff.

Classicus, so hieß im Steuerklassensystem der servianischen Verfassung der Bürger der ersten Steuerklasse, und im von hier aus übertragenen Sinn bezeichnete im 2. Jahrhundert n. Chr. der römische Autor Aulus Gellius (*Noctes Atticae* XIX 8,15) als »classicus scriptor« einen Redner oder Dichter aus der älteren Schar (»e cohorte ... antiquiore vel oratorum aliquis vel poetarum«), an den man sich bei der Entscheidung grammatischer Streitfragen zu halten habe.[1]

Mit der Grundbedeutung »ausgezeichnet und daher vorbildlich« (Erstrangigkeit — Musterhaftigkeit) sind in der Bezeichnung klassisch andere Bedeutungsmomente fest verbunden, die ebenfalls bereits in jener frühest zu belegenden Verwendung von »classicus scriptor« aufscheinen und die auch wir mitdenken und mitmeinen, wenn wir Musik als »klassisch« bezeichnen: das Moment des zeitlich Z u r ü c k l i e g e n d e n (des Retrospektiven, der Rückschau auf ein Abgeschlossenes, Älteres)[2], das Moment der A u t o r i t ä t (des Ansehens, der Überlegenheit, der Größe)[3] und das Moment der nicht durch Wiederbelebung vermittelten, sondern u n m i t t e l b a r   f o r t d a u e r n d e n   G e g e n w ä r t i g k e i t (des bleibend Gültigen).[4] Nahegelegt ist — beim Rückblick auf ein als klassisch Bezeichnetes — auch ein Bewußtseinsmoment des Rückgängigen (der Autoritätsbedürftigkeit, der Stilunsicherheit, des im abwertenden Sinn Klassizistischen, Manieristischen, Epigonalen).[5] — Die Musik Haydns, Mozarts und Beethovens ist klassisch, d. h. sie ist ausgezeichnete und daher vorbildlich — aus

---

1 E. R. Curtius, *Europäische Literatur und lateinisches Mittelalter*, Bern und München ³1948, S. 255.
2 Grundsätzlich im Sinne von Grillparzers Grabrede auf Beethoven: »Kein Lebendiger tritt in die Hallen der Unsterblichkeit ein.«
3 In folgendem Sinn: »Für uns Musiker ist das Werk Beethovens gleich der feurigen Wolkensäule, welche die Israeliten durch die Wüste führte ...« (Fr. Liszt an W. von Lenz, Weimar, 2. Dezember 1852). — Oder: Beethovens Musik kommt es zu, »daß wir uns ständig von ihr prüfen, von ihr, in aller Freiheit, richten lassen« (A. Halm, *Beethoven*, Berlin 1927, S. 327).
4 »Von Beethoven trennt uns nichts ... Beide, Goethe und Beethoven, schenkten uns die unmittelbar wirkende Sprache« (A. Halm, ebenda, S. 18f.).
5 »... was nach Mozart und Beethoven kam, sieht mehr oder minder wie eine Nachblüthe aus — musikalisch sind wir Epigonen« (A. W. Ambros, *Beethoven, Goethe und Michel Angelo*, in: *Erstes poetisches Beethoven-Album*, hg. von H. J. Landau, Prag 1872, S. 94).

zurückliegender Zeit eine Autorität von unmittelbarer Gegenwärtigkeit.⁶

Indessen genügen diese Grundbestimmungen des Wortes klassisch (ausgezeichnet, daher vorbildlich) und die damit verbundenen ursprünglichen Bedeutungsmomente (zurückliegend, überlegen, unmittelbar fortlebend) noch nicht, um zu erfassen, was wir im Blick auf Haydn, Mozart und Beethoven mit der Bezeichnung klassisch sagen und meinen. Zwar ist die Musik Bachs, schon von jenen Bedeutungsmomenten her gesehen, nicht klassisch zu nennen, weil ihr das Moment der Unmittelbarkeit des Fortlebens fehlt (sie wurde — jedenfalls für die Öffentlichkeit — weitgehend wiederentdeckt), während z. B. bei Anton Webern alle genannten Bedingungen von Klassik erfüllt sind — ausgezeichnet und vorbildlich; zurückliegend, überlegen, unmittelbar gegenwärtig — und wir ihn doch nicht klassisch nennen im Sinne der Wiener Trias.

Was wir im deutschsprachigen Raum unter Klassik verstehen, das ist diesem Begriffswort erst später, erst im 19. Jahrhundert, im Rückblick auf Weimar und Wien, inhaltlich zugewachsen. Und wir bringen uns diese Inhalte des musikalischen Klassik-Begriffs am besten zur Bewußtheit, wenn wir in ihre Ursprungszeit zurückgehen.

Am frühesten nach heutiger Kenntnis hat der Göttinger Professor der Philosophie Amadeus (Johann Gottlieb) Wendt in seiner Schrift von 1836 *Über den gegenwärtigen Zustand der Musik*⁷ in klarer Umgrenzung die durch Haydn, Mozart und Beethoven re-

---

6 Vgl. hierzu H.-G. Gadamer, *Wahrheit und Methode. Grundzüge einer philosophischen Hermeneutik*, Tübingen 1960, bes. S. 269ff., wo im Herausarbeiten der »Verknüpfung des normativen mit dem historischen Sinnmoment« das Klassische definiert ist als das historisch Vergangene, das aufgrund seines normativen Ranges kontinuierlich sich zur Gegenwart vermittelt und ihr unmittelbar zugänglich bleibt. »Was ›klassisch‹ heißt, ist nicht erst der Überwindung des historischen Abstandes bedürftig — denn es vollzieht selber in beständiger Vermittlung diese Überwindung. Was klassisch ist, ist daher gewiß ›zeitlos‹, aber diese Zeitlosigkeit ist eine Weise geschichtlichen Seins.«

7 A. Wendt, *Über den gegenwärtigen Zustand der Musik, besonders in Deutschland, und wie er geworden*, Göttingen 1836.

präsentierte Periode der Musik als »classisch« bezeichnet.[8] Wendt hatte von 1801 bis 1804 in Leipzig Philosophie studiert; er war Mitarbeiter der *Allgemeinen musikalischen Zeitung* gewesen und hatte dort 1815, also bald nach E. Th. A. Hoffmanns bekannten Beethoven-Rezensionen (1810—1813), einen beachtenswerten Aufsatz über Beethoven veröffentlicht.[9] In seiner Schrift von 1836 schreibt Wendt: es sei »unmöglich von der musikalischen Gegenwart zu sprechen, ohne auf die sogenannte classische Periode und die Coryphäen zurückzugehen, durch welche sie [die Gegenwart] vorbereitet worden ist. Hier leuchtet uns das Kleeblatt: Haydn, Mozart, Beethoven entgegen« (S. 3).[10]

Es wird sich zeigen, daß alle wesentlichen Inhalte des Klassik-Begriffs, wie wir ihn noch heute verstehen, bereits in Wendts Ausführungen enthalten oder angelegt sind, und so werden wir uns bei der Frage nach der geschichtlichen Herkunft und den konkreten Inhalten des deutschen Begriffs der musikalischen Klassik mehrmals auf diesen Punkt konzentrieren. Was unsere bisherigen Bestimmungen dieser Inhalte betrifft, so bestätigt sie Wendt wie folgt und modifiziert sie zugleich: Die classische Periode der Musik ist *ausgezeichnet* im Sinne des »Gipfels«, der »Spitze« einer »Entwicklung der Tonkunst, wie sie noch nie vorher statt gefunden« hat (S. 4); sie ist *vorbildlich* in dem Sinne, daß hier »das Vergangene als ein Maßstab für das Gegenwärtige erscheint« (S. 2); sie ist

---

8 Diesen Nachweis erbrachte L. Finscher in seiner Abhandlung *Zum Begriff der Klassik in der Musik*, in: Deutsches Jahrbuch der Musikwissenschaft XI für 1966 (1967), S. 21. — Man vergleiche dort auch die Inhaltsbestimmung des Epochenbegriffs Klassik, S. 25ff., die in unserer rezeptionsgeschichtlich orientierten Untersuchung teils sich bestätigt, teils einige etwas andere Akzente erhält.

9 A. Wendt, *Gedanken über die neuere Tonkunst, und van Beethoven's Musik, namentlich dessen Fidelio*, Allgemeine Musikalische Zeitung XVII, 1815, Nr. 21—26.

10 Die Aussageform »sogenannte« weist darauf hin, daß 1836 die Bezeichnung klassisch für Erscheinungen der jüngsten musikalischen Vergangenheit bereits geläufig war. Einige Belege aus der Berliner allgemeinen musikalischen Zeitung 1826—1828 bietet Finscher (a.a.O., Anm. 58, zu S. 21). Vgl. auch in der vorliegenden Abhandlung S. 151.

zurückliegend, »vorübergegangen« (S. 2) und doch als »groß« und »großartig« *unmittelbar fortwirkend:* »die großen Tonschöpfer ... geben den Ton an, und eine Mit- und Nachwelt hält sich an diese Formen« (S. 83), und sie indiziert die Vorstellung eines *Rückgangs,* eines Zustands, »in welchem der Puls des Lebens minder kräftig oder in unnatürlicher Überreizung schlägt« (S. 2).[11]

Der Grundbegriff des Klassischen, der normative Begriff, der stilistisch undefiniert bleibt und daher wiederholt sich realisieren kann, erscheint bei Wendt verwandelt zu jenem spezifischen Epochenbegriff (›Stilbegriff‹) von Klassik, dessen Merkmal die Unwiederholbarkeit ist: Das Klassische als das Ausgezeichnete und Vorbildliche steht auf dem »Gipfel« aller bisherigen »Entwicklung« und gewinnt als geschichtlich Begriffenes den Rang der E i n m a l i g k e i t — eines Ausgezeichneten, das, wie Wendt ausführt, aus dem Prinzip der Geschichte: dem »Bedürfnis der Zeit nach neuer Entwicklung« (S. 2), entstanden war und vorübergehen mußte. Denn »die Satzformen der Ton-Kunst haben, wie alle Formen, in dem sich mittheilenden Geiste ihren Ursprung und müssen sich ändern, je nachdem der Geist dies oder jenes mitzutheilen hat ... Eine neue Zeit ... bedarf neuer Formen.« »Ohne diese Bevollmächtigung würde auch kein Beethoven in der Geschichte der Tonkunst aufgetreten seyn« (S. 82f.).

Dieser Begriff von Klassik, der Epochenbegriff im Sinne der historischen Verwirklichung und somit der stilistischen (gehaltlichen und gestaltlichen) Einmaligkeit des Klassischen, ist — wie René Wellek nachgewiesen hat — eine deutsche Erfindung des 19. Jahrhunderts in bezug auf Weimar und — wie wir hinzufügen — auf Wien.[12] Wesentlich ist diesem deutschen Klassik-Begriff zusammen

---

11 »Im Allgemeinen thut sich jetzt ein Hineinstürzen in den Strudel der Empfindungen, ein wildes, wüstes Drängen kund ..., wobei der Ausbildung melodischer Gedanken und einer sorgfältigen Gliederung des Tonstücks wenig Raum gegeben ist« (S. 77).
12 R. Wellek, *Das Wort und der Begriff »Klassizismus« in der Literaturgeschichte,* Schweizerische Monatshefte 45, 1965/66, S. 154—173: »Was die Deutschen ihre ›Klassik‹ nennen«, beruht auf der (von den Brüdern Schlegel ausgelösten)

mit der epochalen Einmaligkeit das Moment des O r i g i n ä -
r e n : Das klassische Werk atmet den Geist der Antike, ohne jedoch antikisierend und in diesem Sinne »klassizistisch« zu sein. Obwohl nun zwar Wendt seinen Begriff der »classischen Periode« in der Musik offenbar nicht in Anlehnung an die literaturgeschichtliche Begriffsprägung gebildet hat, bestätigt er doch einerseits durchaus jenes nicht antikisierende Moment und läßt er andererseits die von Anfang an bestehende Verknüpfung der Wiener mit der Weimarer Epoche sichtbar werden: »... wie einst, und nicht viel früher, das Erscheinen eines neuen Schiller'schen Dramas, so war jedes Erscheinen einer neuen Symphonie von Beethoven ein großes Fest für das in Deutschland von ihm täglich mehr angezogene Publikum« (S. 8).[13]

Auch dies und alles bisher zur Sprache Gebrachte sagen wir heute über die Wiener Trias und über Beethoven aus, wenn wir sie klassisch nennen: Das Erstrangige und Vorbildliche mit den Momenten des Zurückliegenden, der Autorität und des bleibend Gültigen ist zu verstehen als das Ausgezeichnete in historisch verwirklichter Einmaligkeit — als das in seiner Originärität der Antike

---

»Umwandlung der Bedeutung des Wortes ›klassisch‹ von einem Wertbegriff zu einem Begriff, der eine stilistische Richtung, Typus oder Periode bezeichnet«, und ist in der internationalen Begriffsgeschichte von klassisch/klassizistisch ein »neuer Ausdruck«, der — nach Wellek — in seiner Besonderheit erst 1887 (O. Harnack, *Goethe in der Epoche seiner Vollendung*) geprägt und erst etwa seit 1922 (F. Strich, *Deutsche Klassik und Romantik*) allgemein gebräuchlich wurde. — Der zitierte Aufsatz von Wellek ist eine gekürzte deutsche Version von: R. Wellek, *The Term and Concept of ›Classicism‹ in Literary History. Aspects of the Eighteenth Century*, Baltimore 1965, S. 105—128.

13 Doch schon früher (in seiner Schrift von 1831, 308f., Titel s. Anm. 15) hatte Wendt zugleich mit der epochalen Verwandtschaft der literarischen und musikalischen Produktion der Zeit die ebenfalls von Anfang an rezipierte Sonderstellung Beethovens betont: Haydn sei, »insofern bei ihm die epische Darstellung vorherrschend ist«, mit Goethe zu vergleichen; Mozart, »wegen seines lyrischen, durch Melancholie versetzten Pathos«, mit Schiller; Beethoven, »in Hinsicht seiner dramatischen Natur«, mit Shakespeare und »wegen seines allumfassenden Humors« mit Jean Paul (beide Vergleiche schon in der Abhandlung von 1815, S. 351, 388 und 402).

Verpflichtete, jedoch Nicht-Klassizistische —, als die Epoche Haydns, Mozarts und Beethovens, Schillers und Goethes, zu der sich die Geschichte hin entwickelte und von der sie sich notwendig wieder entfernte, doch so, daß das Zurückliegende hier als »eine Art zeitloser Gegenwart« in »unmittelbarer Weise zugänglich« bleibt.[14]

Indessen reichen auch alle diese Bestimmungen noch nicht aus, um uns unseren heutigen Wortgebrauch von Klassik in bezug auf die Wiener Epoche bewußt zu machen. Wir fragen: Worin denn besteht hier musikalisch, kompositorisch das in epochaler Einmaligkeit Erstrangige und Vorbildliche? Und wir summieren unzählige bisherige Reflexionen zu dieser Frage, wenn wir — zunächst noch allgemein — antworten: Es besteht in der v o l l k o m m e n e n E i n i g u n g v o n G e h a l t u n d G e s t a l t , ›Inhalt‹ und ›Form‹ — wodurch die Musik zu ihrer vollen Selbständigkeit aus sich selbst, ihrer Reinheit, ihrer wesentlich instrumentalmusikalischen ›Absolutheit‹ gelangte.

Unter dem gleichen Gesichtspunkt, dem Aspekt von Gehalt (bzw. »Stoff«, auch »Gedanke«, »Geist«, »Seele«, »Gegenstand der Phantasie«) und »Form« (»Gestaltung«) hatte auch Wendt die Trias der »classischen Periode« charakterisiert: Bei Haydn »scheint, besonders in seinen früheren Werken, die Form noch über den Stoff zu herrschen« (»Anmuth und Heiterkeit, Würde und Pracht sind seine Genien; sein Schmerz ist noch ohne tiefe Melancholie, sein Pathos ohne gewaltsamen Kampf«, S. 4f.); bei Mozart »völlige Durchdringung der Form und des Stoffes« (seine Form ist »der freie Erguß seiner harmonischen Seele«, und die »schönste Vermählung von Gesang und Instrumentalmusik« machte ihn »zum Mittelpunkte der classischen Periode«, S. 5); bei Beethoven, »besonders in seinen letzten Werken, gewinnt der Stoff das Übergewicht über die Form« (»Sein Gedanke dringt bis an die Grenzen des Hörbaren«, d. h. des sinnlich Darstellbaren; »... er hört die blutigen und gewaltigen Kämpfe des neuen Jahrhunderts

---

14 Gadamer, a.a.O., S. 272.

von den Bergen in Westen hervorbrausen; ... seine Visionen werden zu Tönen ... Mit ursprünglicher Freiheit durchbrach sein Riesengenius die Schranken ..., überall neu und auf neuen selbstgebrochenen Bahnen wandelnd, und doch ... die muthwillige Laune Haydn's ... so wie die tiefe Melancholie und Harmoniefülle Mozart's in sich vereinigend ... Herrschaft der Instrumentalmusik, damit aber Erhebung der Musik zu ihrer kunstmäßigen Selbständigkeit war das Resultat seines Schaffens«, S. 6f.).

Neben dem für unseren Begriff des Klassischen maßgebenden Aspekt des Verhältnisses von Form und Gehalt bestätigt Wendts Schrift von 1836 außerdem die Auffassung, daß die Epoche der musikalischen Klassik eine Entwicklung auch in sich hat, einen Anstieg bei Haydn, einen Mittelpunkt in Mozart und einen Fortgang zu Beethoven, der einerseits das klassische Indiz der Einigung von Stoff und Form in Frage stellt, andererseits im Zeichen des Klassischen noch eine Steigerung bedeutet, die von Wendt benannt ist als Synthese von Haydns und Mozarts Geist, volle Selbständigkeit der instrumentalmusikalischen Sprache — Kämpfe, Visionen, Freiheit, Riesengenius, überall neu.

Um den Widerspruch aufzulösen, daß innerhalb der klassischen Periode Mozart den »Mittelpunkt« und Beethoven eine Steigerung darstellt, und um überhaupt den Begriff des Musikalisch-Klassischen erst eigentlich konkret werden zu lassen, ist schließlich die Frage zu beantworten, was denn das für ein Gehalt ist, der in der klassischen Musik zur vollkommenen Einigung mit der musikalischen Gestalt gelangt, und umgekehrt: wie denn die musikalische Gestalt in ihrem Prinzip beschaffen sein muß, die mit jenem Gehalt identisch sein kann.

Wiederum summieren wir unzählige Antworten auf diese Frage, wenn wir den Gehalt der als klassisch benannten Musik als das spezifisch »Menschliche« umschreiben, das Menschliche zunächst im spezifischen Sinne des Lebendigen, des Individuellen.

In diese Richtung weist auch Wendt, unser frühester Gewährsmann für den Begriff der Wiener Klassik — zumal wenn wir dessen Schrift von 1831 *Über die Hauptperioden der schönen Kunst* mit heranziehen[15]: Darstellung des Lebens, Individualität sind die Epitheta, die Mozarts Musik umschreiben; bei ihm »individualisirt sich die Musik« (»noch mehr, als bei Haydn und dessen Vorgängern«, 1831, S. 299), wird die Symphonie »zum Ausdruck individueller Gefühlszustände« (1836, S. 8), verbinden sich Orchester und Gesang zur »Darstellung des Lebens« (1831, S. 300), erreicht die Oper eine bisher nicht gekannte »Höhe der Charakteristik« (1831, S. 301), eine Darstellung »in vollkommen individualisirten Charakteren und Situationen« (1836, S. 23). — Bei Beethoven dann steigerte sich — »unter den merkwürdigsten Umgestaltungen der bürgerlichen Welt« (1836, S. 3) — das Menschliche zu Bildern »der Menschenwelt« (1836, S. 8), »Kämpfen des neuen Jahrhunderts« (ebenda, S. 6), »heroischer Kraft« und »heroischer Größe« (1831, S. 308). »Das Wandeln dieses vielgestaltigen Geistes ist Heldengang« (ebenda, S. 307).

Die Bestimmung der klassischen Kunstform unter dem Gesichtspunkt der vollkommenen Einigung von Gehalt und Gestalt steht bekanntlich im Mittelpunkt der Ästhetik Hegels. Und möglicherweise ist Wendts Konzeption von Hegel beeinflußt.[16] Für Hegel ist — wenn wir dies hier in einem Satz zusammenzufassen versuchen — die klassische Kunstform das in der griechischen Kunst und

---

15 A. Wendt, *Über die Hauptperioden der schönen Kunst, oder die Kunst im Laufe der Weltgeschichte*, Leipzig 1831. Die »classische Periode« nannte er hier noch die »Periode des freyen Styls«, mit Haydn, Mozart und Beethoven als ihren »größten Sternen« (S. 294f.).
16 Finscher gelangt zu dem Urteil (a.a.O., S. 22), daß Wendts Anschauung bedeutsam sei »als ein früher Ansatz zu einer ausgeführten Musikästhetik aus dem Geiste Hegels, aber ebenso als Begründung des musikalischen Epochenbegriffs Klassik, der hier nicht nur aufgestellt, sondern zumindest indirekt, durch die Charakterisierung der drei Komponisten, auch definiert wird«. — In seiner Schrift von 1831 hatte Wendt ganz im Sinne Hegels die drei Hauptperioden der Kunst »vom Standpuncte der Idee« als symbolisch, klassisch und romantisch beschrieben. »Die Periode der griechischen oder klassischen Kunst« zum Beispiel charakterisierte er als jene, »in welcher der Geist vollkommen in die sinnliche Form eingegangen ist« (S. 74), in der Weise, daß »das Reinmenschliche in schöner Individualität sich darstellte« (S. 84).

wesentlich in der Skulptur verwirklichte Ideal des Kunstschönen in dem Sinne der vollendeten Ineinanderbildung von Gehalt und Gestalt, wobei der Gehalt das *konkrete, individuell bestimmte* Geistige ist und die Gestalt die des Menschen in seiner konkreten individuellen Lebendigkeit, da nur sie jenem Gehalt adäquat ist, der sich seinerseits nur in dieser Gestalt, der menschlichen und individuellen, als ihrem Wohnsitz und Leibe, zur sinnlichen Erscheinung zu verdoppeln vermag.

Indem sich Wendts und so auch noch unser heutiger Begriff von musikalischer Klassik mit Hegels Bestimmung des Klassischen vergleicht — mag nun Wendts Anschauung von Hegel beeinflußt sein oder nicht —, transformiert sich ein auf die Antike gerichtetes Konzept von Klassik auf die Musik der Wiener Epoche und zeigt sich exemplarisch die Affinität beider Klassiken in ihrem Gemeinsamen: Gemeinsam haben sie das Bestimmungsmerkmal der Einmaligkeit und Vollkommenheit aufgrund der vollendeten Einigung von Gehalt und Gestalt, die zur Prämisse hat, daß die Gestalt, in unserem Falle die musikalische Materialität, schon selbst die des Menschen ist (da die Gestalt, nach Hegel, zur Identität mit dem Gehalt nur gelangen kann, wenn beide Seiten je schon in sich das Ganze enthalten).

Es kann in dieser begriffs- und rezeptionsgeschichtlich orientierten Studie nicht meine Aufgabe sein, an Hand musikalischer Analyse nachzuweisen, wie in der Musik der Wiener Klassik der Gehalt als das spezifisch Menschliche in der Tat der musikalischen Materialität (d. h. dem historischen Stand von Material und Technik) bereits innewohnt — Gehalt also nicht erst gleichsam von außen in Musik hineinzukommen braucht (z. B. abbildlich, symbolisch, tonmalerisch oder assoziativ). Was — um an anderer Stelle Erarbeitetes hier nur anzudeuten[17] — als Errungenschaft der musikalischen Vorklassik die Materialität der klassischen Musik durch und durch

---

17 Ausführlich in meiner Abhandlung *Versuch über die Wiener Klassik. Die Tanzszene in Mozarts »Don Giovanni«*, = Beihefte zum Archiv für Musikwissenschaft XII, 1972.

bestimmt, sind die Normen des Tanzes (des Sich-Bewegens im Takt), des Liedes (des Singens) und der Korrespondenz (des Sprechens in Form periodischen ›Aufstellens und Antwortens‹), die als rein musikalische Normen zugleich Prototypen spontan menschlicher Äußerung sind. Aufgrund dieser Materialität ist die Gestalt der klassischen Musik wesentlich die des Menschen, in die durch kompositorisch-artifizielle Individuation jener Normen (mit Worten Hegels) »der Blitz der Individualität« einschlug.[18]

Doch während in der Klassik Haydns und Mozarts der Mensch vor dem Hintergrund von Normen individuell wird, steigert Beethoven innerhalb der ihm von Haydn und Mozart überkommenen Materialität die Normen und den Individuationsprozeß zur dynamischen Artikulation von Leiden und Überwinden und damit das Humane zur Humanitas, das Menschliche zum Menschheitlichen, den Menschen als Individualität zum Individuum als Stellvertreter der Menschheit. Wieso dieser Dynamisierungsprozeß das klassische Indiz der vollkommenen Einigung von Gehalt und Gestalt nicht sprengt, wäre wiederum nur analytisch zu zeigen.[19] Rezep-

---

18 Zur Verdeutlichung: In der soeben genannten Abhandlung wird herausgearbeitet, wie das Menuett — als musikalischer Inbegriff von Tanz, Lied und Periodenbau eine Basis der klassischen Satzart und dementsprechend Mittelpunkt der Kompositionslehre der Mozart-Zeit — im Finale des I. Akts des *Don Giovanni* den Hintergrund bildet: die Norm für die Komposition und damit in eins für ein spezifisch menschlich-lebendiges und zugleich gesellschaftlich determiniertes Verhalten — und wie in dieser höchst dramatischen Szene die Personen durch ihre beständige bewegungsmäßige und gesangliche Bezogenheit auf diesen normativen Hintergrund als Individuen hervortreten. Was in Mozarts Musik beständig sich abspielt: Konkretation kompositorischer Normen, die schon als solche ›die Gestalt des Menschen‹ sind und bedeuten und deren kompositorische Individuation diese Gestalt individualisiert, ist in jener Tanzszene in zwei Schichten kompositorisch auseinandergefaltet und somit durchsichtig gemacht in seinem Prinzip.

19 Es genüge hier der in aller Bescheidenheit vorgebrachte Hinweis auf den Passus über Beethovens Erste Symphonie in meinem Aufsatz *Musik als Tonsprache*, Archiv für Musikwissenschaft XVIII, 1961, S. 87. In der Weise dieses Passus wäre auch bei Beethoven durch die Gestalt zum Ansprechen des Gehalts vorzudringen. Ausdrücklich verwiesen sei in diesem Zusammenhang auf den Ab-

tionsgeschichtlich ergibt sich, daß von Anfang an beides zugleich und aufeinander bezogen erkannt und benannt wurde und in der Begriffsgeschichte Beethovens bis heute konstant und zentral blieb: einerseits die Steigerung des Gehalts der Musik zum Ethos des Überwindens, andererseits das klassische Indiz des mit seiner Gestalt identischen Gehalts.

In dem neuen Vermögen der Musik Haydns, Mozarts und Beethovens, in ihrer Fähigkeit des begriffslosen Bedeutens des konkret Menschlichen und der Dynamisierung dieses Gehalts zum heroischen Ausdruck des Leidens und Überwindens gründet die zeitgenössische romantische Konzeption der klassischen Musik, auf die hier noch einzugehen ist. Sie ist nicht der Widerspruch, sondern die Bestätigung der musikalischen Klassik, wie wir sie ihrem Begriffe nach hier entwickelt haben.

In unserer heutigen Vorstellung hat der Begriff der Klassik ein antithetisches Moment zur Romantik: Das Klassische ist das Nicht-Romantische, und wir fragen heute, ob Beethoven als Klassiker nicht doch auch schon romantische Züge aufweist.

Diese Frage, das Arbeiten mit den antithetischen Begriffen von Klassik und Romantik, setzt in der Rezeptionsgeschichte der Wiener Trias erst spät ein (ich vermute, erst in den 1920er Jahren, als man aus einem Affekt gegen »Romantik« Beethoven von ihr freisprechen wollte[20]). Im 19. Jahrhundert ist davon, soweit ich sehe, überhaupt noch nichts zu finden.[21]

---

schnitt über Beethoven in J. Handschins *Musikgeschichte im Überblick*, Luzern 1948, ²1964, S. 348ff.

20 Zweifellos steht diese Motivation hinter dem für diese Frage bisher grundlegenden Buch von A. Schmitz über *Das romantische Beethovenbild. Darstellung und Kritik*, Berlin und Bonn 1927.

21 Die Benennung der Wiener Trias als Klassik oder Beethovens als Klassiker bleibt im 19. Jahrhundert zunächst allerdings überhaupt noch selten. Ich finde den Ausdruck u. a. bei A. Schindler, *L. van Beethoven,* 1840, zitiert nach der 5. Auflage Münster i. W. 1927, S. 207: »... die zurückliegende Epoche, die ›classische‹ genannt ...«; L. Nohl, *Die Beethoven-Feier und die Kunst der Gegenwart*, Wien 1871, S. 22: Beethoven, der »letzte Spross unserer ›classischen‹

Wichtig ist, zu erkennen, daß in der auf Beethoven bezogenen Begriffssprache klassisch und romantisch zunächst keine Gegensätze waren, sondern Aspekte.[22] Dies ist heute wohl am besten wiederum von der Relation zwischen Hegels System der Ästhetik und Wendts Begriff von Klassik her zu verstehen: Die Musik überhaupt, in der »gegenstandslosen Innerlichkeit« ihrer Ausdrucksweise, ist in Hegels System (entsprechend den Vorstellungen seiner Zeit) der Grundtypus der romantischen Kunstform, und diese generell als romantisch begriffene Musik gelangte — jenseits von Hegels Konzept (doch wohl kaum im Widerspruch zu ihm) — in ihrer Geschichte als einzelne Kunst durch Haydn, Mozart und Beethoven zu ihrer Klassik, wobei sie sich als sich selbst, in ihrem romantischen Wesen, d. i. als selbständige (reine, instrumentale) Kundgabe der Innerlichkeit, erst eigentlich entdeckte und bis zu Beethoven hin steigerte.

In der gleichen Schrift von 1836, in der nach heutiger Kenntnis zum erstenmal von den drei Koryphäen der »classischen Periode« gesprochen wurde, schreibt Wendt, daß »alle Musik romantischer Natur ist« (wogegen man jene Richtung, bei der in unechter Nachahmung Chopins durch fragwürdige Mittel »die Zerrissenheit und

---

Kunstepoche«. Wagner gebraucht in seinem großen Beethoven-Aufsatz von 1870 den Ausdruck Klassik für Beethoven nicht; er spricht hier lediglich von den »geisttötenden Gesetzen der ›klassischen‹ französischen Poesie« und von der »klassischen Form« und den »klassischen Namen der antiken Welt«. Nietzsche stellt dann allerdings in den 1880er Jahren kritisch fest, daß Beethoven »allerwärts als ›Klassiker‹ bezeichnet wird« (*Der Wille zur Macht*, Aph. 838, Kröner-Taschenausgabe).

22 Dies entspricht auf musikgeschichtlichem Gebiet der Feststellung E. R. Curtius' (a.a.O., S. 274): »Die deutsche Blütezeit von 1750 bis 1832 ist durch den Divisor Klassik-Romantik nicht teilbar«, im Unterschied zur französischen Literatur: die französische Romantik ist »eine bewußte Antiklassik«. Ähnlich R. Wellek (a.a.O., S. 168): »In den Literaturgeschichten wurden aber Goethe und Schiller lange nicht als ›Klassiker‹ oder als Repräsentanten des ›Klassizismus‹ angesehen ... Das ganze frühe 19. Jahrhundert in Deutschland, das von der Theorie und dem Geschmack der Romantik beherrscht wurde, hätte die Bezeichnung ›Klassizismus‹ keineswegs als Kompliment aufgefaßt« — wobei

das tiefste Weh des Gemüths« ausgedrückt werden sollen, überromantisch« nennen könne[23]). Mit dieser Aussage spricht Wendt in der Weise Hegels; zugleich jedoch knüpft er dabei an seinen eigenen, früheren Sprachgebrauch von romantisch an. In seinem Beethoven-Aufsatz von 1815[24] schrieb er: Beethoven habe, »durch Mozart und Haydn entzündet, aus der romantischen Instrumentalmusik sich gleichsam einen Dom bis in die Wolken erbaut« (Sp. 350), und er sei berufen, »die Verheißungen des romantischen Geistes in der Musik zu erfüllen, die uns vorzüglich Mozart gab« (Sp. 352).[25]

Mit diesem Begriff von Romantik steht Wendt in der Nähe von E. Th. A. Hoffmann, der einige Jahre zuvor in der gleichen *Allgemeinen musikalischen Zeitung* im Rahmen seiner Beethoven-Rezensionen betont hatte, daß die Musik vornehmlich als Instrumentalmusik »die romantischste aller Künste« sei — aufgrund der Begriffslosigkeit ihrer Sprache, der Unaussprechlichkeit ihrer Gehalte, wodurch sich ihr Wesen definiert durch die Fähigkeit, dem Menschen das Reich des Unbestimmten, Unaussprechlichen, Unermeßlichen, Unendlichen zu eröffnen. Im Sinne dieses Wesens der Musik atmen die Kompositionen Haydns, Mozarts und Beethovens »einen gleichen romantischen Geist«, drang Beethoven am meisten

---

(nach Welleks Darstellung) die Bezeichnungen ›klassisch‹, ›Klassik‹ mit inbegriffen sind.

23 »Man hat das romantisch nennen wollen, nicht in dem Sinne, in welchem alle Musik romantischer Natur ist, — sondern in einem eminenten Sinne; — man könnte es überromantisch nennen« (S. 31).

24 Siehe Anm. 9.

25 Mozart hat im *Don Giovanni* »Himmel und Hölle, Lust und Scheu, Tragisches und Komisches in den romantischen Kreis seiner Kunst gebannt« (1831, S. 301). — Daß Wendt 1815 (Sp. 386ff.) in etlichen, nicht näher bezeichneten Kompositionen Beethovens das »harmonische Gleichgewicht der schaffenden Kräfte« (Phantasie und Formung) seitens »eines romantischen oder phantastischen Gedankenschwungs« gefährdet sieht und — hier noch als ein Sprecher zeitgenössischer Mißverständnisse — von »Beethovens großen Verirrungen« spricht, deutet zwar eine gewisse Tendenz des Begriffsworts romantisch an (von Haydn und Mozart ausgehend, bildete sich Beethoven »eine eigene romantische Tonwelt, in welcher die dem Gefühle hingegebene Phantasie durchaus herrschend ist«, Sp. 384), spielt jedoch in unserem Zusammenhang eine untergeordnete Rolle.

von allen »in ihr innigstes Wesen« ein und ist er »ein rein romantischer (eben deshalb ein wahrhaft musikalischer) Komponist«; »bei jedem neuen Werke« beweise sich, »wie Beethoven den romantischen Geist der Musik tief im Gemüte trägt und mit welcher hohen Genialität, mit welcher Besonnenheit er damit seine Werke belebt«. Im Sinne der »Besonnenheit« sieht nun auch Hoffmann diese aus romantischem Geiste erfolgende Belebung der Musik unter dem Aspekt des Klassischen: Er spricht in bezug auf die *Egmont*-Ouvertüre von Beethovens »klassischer Manier«, bei der sich alles einzelne »zum Ganzen verschlingt und ordnet«. Und unter dem gleichen Doppelaspekt des Romantischen und Klassischen sieht und verbindet Hoffmann in seiner Rezension dieser Ouvertüre Goethe und Beethoven: Er bedauert, daß vor Beethovens Musik noch kein größeres Werk Goethes sich einer »gediegenen, klassischen Komposition zu erfreuen« hatte; und auf der Suche nach Operntexten möge man sich heute »zu den klassischen Werken des großen Dichters wenden«. »... jeder Ton«, den Goethe in seinem *Egmont* »anschlug, klang in seinem [Beethovens] Gemüte, wie auf gleichgestimmter, mitvibrierender Saite, wieder«; und Beethoven habe sich in seiner Ouvertüre »an jene tiefere echt romantische Tendenz« jenes Trauerspiels gehalten.

Mag in der Sprache Hoffmanns und Wendts (die hier exemplarisch herangezogen wurden) ein noch so spezifisch Orts- und Zeitgebundenes mitschwingen, so ist es doch ein Kardinalirrtum, sie als das romantische Mißverständnis Beethovens zu interpretieren. Was in der frühesten Beethoven-Rezeption als romantisch charakterisiert wurde, umschreibt — im abstreifbaren Gewand zeitgemäßer Ausdrücke — die Fähigkeit der klassischen Musik, in der instrumentalmusikalischen Begriffslosigkeit das ›Menschliche‹ zum Gehalt zu haben und sub specie von Leiden und Überwinden zum Menschheitlichen zu steigern.

Das Neue bei Beethoven war, stets vor dem Hintergrund Haydns und Mozarts rezipiert, in der Sprache Hoffmanns (1810—1813): bei steter kompositorischer »Besonnenheit« die Steigerung und Dynamisierung des Gehalts in Richtung »Schmerz«, »Trost« und

»Hoffnung«; »Angst«, »Entsetzen«, »tiefe Nacht« einerseits, »Ringen und Kämpfen«, »Drängen und Treiben«, »spannende Erwartung« gleichsam in der Mitte und »flüchtiger Sonnenblick«, »strahlendes ... Sonnenlicht«, »Jauchzen und Jubeln« andererseits — und in der Sprache Wendts (1815) vor dem Hintergrund »harmonischer Bewegung« die Steigerung und Dynamisierung des Gehalts in Richtung: »tiefster Schmerz«, »das Traurigste« einerseits, »Abgrund des kämpfenden Herzens«, »stärkste Contraste«, »Titanen-Kämpfe«, »sich entladende Kraft«, wiederum quasi in der Mitte, und andererseits: »das Freudigste«, »klarer Aether des Himmels«, »Heroengefühl«, »nie genossene Wonne« — »wo jedes schmerzliche Gefühl in höchsten Trubel und Entzücken endlich untergeht«.

In dem Maße, wie die Art und Substanz dieser Begrifflichkeit in der Beethoven-Rezeption von Anfang bis heute als Begriffsfeld des »Leidens—Wollens—Überwindens« konstant geblieben sind[26] und in solcher Konstanz auf Beethoven selbst als ihren Ausgangspunkt und Initiator zurückweisen, ist jener Begriff von Romantik, in der dieses Konstante zuerst erschien, kein Irrtum über Beethoven. Dem entspricht unsere Feststellung, daß im Bereich der frühen Beethoven-Rezeption klassisch und romantisch nicht als Antithese, sondern als Aspekte auftraten: Sub specie von Klassik (der vollkommenen Einheit von Gehalt und Gestalt) war M o z a r t der *Mittelpunkt* der durch Haydn, Mozart und Beethoven repräsentierten Epoche, und sub specie von Romantik (der Steigerung des spezifisch Menschlichen, das in der Klassik zum Gehalt der Musik sich machte) war B e e t h o v e n ihr *Höhepunkt*. Und bevor sich in der Musikgeschichtsschreibung ein antithetisches Begriffspaar klassisch/romantisch herausbildete, waren in bezug auf Beethoven jene zuerst als romantisch benannten Gehalte der Musik in den Begriff der musikalischen Klassik eingegangen, indem sie diesen Be-

---

26 Nachweis vom Verf. in: *Zur Geschichte der Beethoven-Rezeption — Beethoven 1970*, in diesem Band S. 11ff. Die vorliegende Studie stützt sich weitgehend auf jene wesentlich breiter angelegte rezeptionsgeschichtliche Abhandlung, die sie zugleich ergänzt.

griff im Blick auf die Wiener Trias und im immer wieder zur Sprache gebrachten Bezug zu Schiller und Goethe nun noch einmal und nun erst eigentlich konkretisierten.

Indem wir Beethoven einen Klassiker nennen, sprechen wir von ihm zwar nicht mehr als von dem »Zauberer«, der uns, unsere »Sehnsucht« zu erfüllen, ins »Geisterreich« führt — und neuerdings wollen in bezug auf Beethoven auch die Epitheta »Heiland« und »Erlöser«, »Kämpfer« und »Held« uns nicht mehr über die Lippen. Aber wir meinen das gleiche. Wir meinen die einzigartige Fähigkeit Beethovens, im klassischen Sinne der Glaubwürdigkeit und Nähe — der Einheit von Gehalt und Gestalt im Menschlichen — Leiden und Überwinden, Kampf und Sieg, Trost und Hoffnung einer Menschheit zu sagen, die dessen bedarf. Und mögen Ausdrücke wie »Verzauberung« und »unendliche Sehnsucht«, »Titanenkämpfe« und »Heroengefühl« uns heute für Klassik und Beethoven auch noch so unangemessen und antiquiert erscheinen, so sind doch gerade sie in der Substanz ihrer Aussage Zeugnisse eines ebenfalls Konstanten: einerseits des Moments des T r a n s z e n d i e r e n s im Sinne der Transplantation von Elend und Überwinden aus der realen Bedingtheit ins Immerwährende, ins Prinzip des Menschen, den Beethovens Musik durch die Artikulation von Leiden und Überwinden erhöht, erlöst, befreit, versöhnt (»eine überirdische Kraft« kommt durch seine Instrumentalmusik »in den Menschen«, »und er wird zum Bewohner einer höheren Welt«, schreibt Wendt; »... in das Innerste dringende Töne der Klage, sowie die das höhere Leben verkündenden Akkorde«, schreibt Hoffmann), andererseits der »Hoffnung«, der U t o p i e im Sinne der Transformation ästhetisch artikulierter Überwindung in die Richtung zukünftiger Wirklichkeit — zwei scheinbar antithetische, jedoch in »Trost und Hoffnung« ineinandergewobene Momente, die die Wirkungsgeschichte Beethovens von Anfang bis heute durchgehend beherrschen.

Gerade aufgrund der zuerst bei Hoffmann und Wendt in ihrem Begriff von Romantik angesprochenen Gehalte wurde Musik der Klassik zu dem, was sie heute ist, wurde Beethoven zum Höhepunkt von Klassik, zum Inbegriff von Musik überhaupt, zur Autorität in Sachen von Schmerz und Freude, Leiden und Überwinden, Trost und Hoffnung, zum Ausdruck des Menschen, mit dem sich Menschheit emphatisch identifiziert.

Daneben freilich gibt es — dies sei hier nur am Rande erwähnt — im 19. Jahrhundert auch jenen spezifisch romantischen Irrtum über Beethoven, wie er in Eichendorffs Lebenserinnerungen (*Halle und Heidelberg*, veröffentlicht 1857) aufscheint, wo es heißt: »Mozart, Beethoven und Carl Maria von Weber sind echte Romantiker«, da in ihrer Musik »das geheimnisvolle wunderbare Lied« geweckt ist, »das verborgen in allen Dingen schlummert«.[27] Eine Nennung Beethovens — zu schweigen von Mozart — im Zusammenhang dieser Auffassung: Musik als das klingende Sich-Kundgeben der Dinge, in dessen Zauberkreis das Leben durch Kunst sehnsuchtsvoll einmündet, ist Verkennung, da der durchgängig dynamische Grundzug in Beethovens Musik dem grundsätzlich widerspricht.[28]

Die Geschichte des Verständnisses Beethovens als Klassiker im späteren 19. und im 20. Jahrhundert entfaltete sich in der Spannung zwischen jenen beiden von vornherein maßgebend gewesenen Aspekten: dem Aspekt der vollkommenen Einheit von Gehalt und

---

[27] Joseph Freiherr von Eichendorff, *Neue Gesamtausgabe der Werke und Schriften in 4 Bänden*, hg. von G. Baumann und S. Grosse, Stuttgart 1957/58, Bd. 2, S. 1070. Vgl. hierzu U. Wendler, *Eichendorff und das musikalische Theater*, Bonn 1969 (= Abhandlungen zur Kunst-, Musik- und Literaturwissenschaft LXXV), S. 12f.

[28] In meinem Aufsatz *Prinzipien des Schubert-Liedes*, in: Archiv für Musikwissenschaft XXVII, 1970, habe ich die durch Eichendorff zur Sprache gebrachte Auffassung von Kunst für Schubert nachzuweisen und mit Beethoven zu vergleichen versucht: Für Schubert ist das statische ›schöne Singen‹, das hier (durch den Gedichttext hindurch) wie noch nie zuvor Realität (Natur, die »Dinge«) musikalisch zu erfassen imstande ist, das ›Thema‹ der Kunst und als solches das Ziel der Dynamisierung des musikalischen Satzes« der mittels einer besonderen musikalischen Technik, dem ›Doppelpunkt-Verfahren‹, nur immer erneut in dieses Ziel, ins Thema, ins ›schöne Singen‹ einmündet.

Gestalt, der als das eigentliche Indiz der musikalischen Klassik immer stärker erkannt und herausgearbeitet wurde[29], und dem Aspekt der Besonderheit des Gehalts, die im Begriffsfeld *Leiden — Wollen — Überwinden* rezipiert wurde.[30] Und diese Besonderheit ist es, die einerseits die vereinzelte Opposition gegen die Geltung und Sonderstellung Beethovens hervorrief (zumal in den 1920er Jahren: Busoni, Křenek, Ravel; Jugendbewegung)[31], andererseits ihn entweder an die Spitze der deutschen Klassik stellte[32] oder das epochale Moment übersteigerte und aufhob in Richtung Shakespeare und Michelangelo als Superlative der Überzeitlichkeit.[33]

Das Beachtenswerteste in der späteren Geschichte der Beethoven-Rezeption ist in der Tat die durch jene Gehalte sich begründende Grenzstellung Beethovens zwischen Skepsis und Emphase, doch als Summe: die Steigerung, das lawinenartige Anwachsen seiner ›unmittelbar fortdauernden Gegenwärtigkeit‹ — jenes Merkmals von Klassik — zur bedingungslosen, emphatischen Identifizierung des öffentlichen Kulturbewußtseins mit ihm.

Dies war das vom Klassiker Beethoven ausgelöste, in einem Prozeß von Dialektik unvermeidlich sich einstellende Ereignis seiner

---

29 Etwa in folgendem Sinn: Beethovens Musik ist »»absolute‹, streng gebaute, ›klassische‹ Musik« (W. Riezler, Artikel *Beethoven*, in: *Neue Deutsche Biographie* I, 1953, S. 743).
30 Vgl. Anm. 26. Dahinter stehen die Begriffsfelder *Erlebnismusik* und *Subjektivierung* — in extremer Formulierung: Beethoven war »der erste Mensch in der Musik« (O. Bie, *Berliner Börsen-Courier* vom 27. März 1927). — »Beethoven bedeutet uns die Geburt der subjektiven Musik« (W. A. Thomas-San-Galli, *L. van Beethoven*, München 1913, S. 437); Beethovens Musik ist »die erste Musik, die Alle angeht« — »Symbolik von Menschentum« (Halm, a.a.O., S. 18 und 54).
31 Auch hierzu ausführlich die in Anm. 26 genannte Abhandlung.
32 In folgendem Sinn: Beethovens Musik ist »das Größte, Stärkste und Tiefste, was die klassische Zeit hervorgebracht hat« (Halm, a.a.O, S. 18).
33 Als Beispiel: Beethoven »kann weder zur Romantik noch zur Klassik gezählt werden, obgleich beide ihn für sich reklamieren. In dieser überlebensgroßen Zeitlosigkeit erinnert er an Michelangelo ...« (E. Friedell, *Kulturgeschichte der Neuzeit*, München 1928, S. 511).

Wirkungen. Denn in dem Maße, wie — »unter den merkwürdigsten Umgestaltungen der bürgerlichen Welt« (s. o. S. 145) — Leiden zur Bewußtheit sich brachte und in Beethovens Kunst sich öffentlich machte, mußte Beethoven — notwendig, folgerichtig — zur höchsten Autorität einer leidenden und mit dem Willen zur Überwindung beseelten Menschheit werden, zum Tröster und Verkünder, Führer und Befreier, Inbegriff und Fanal — zum kultischen Tabu.

Diese Emphasis, Distanzlosigkeit, bedingungslose Identifizierung ist der Irrtum, den Klassik nahelegt und den die gesteigerte Klassik Beethovens provoziert — der Irrtum über Beethoven heute.

Genauer jedoch steht Beethoven heute zwischen zwei Irrtümern, in denen wir jene beiden ursprünglichen Rezeptionsaspekte in Verzerrung wiedererkennen: einerseits dem Irrtum, daß man im Bewundern von Form, Sinngefüge, kompositorischer Individuation Beethoven und Klassik aufs Formale und Technische reduziert, aufs sogenannte »rein Musikalische«, auf Stilkunde und Kompositionslehre, und im Ausklammern, Verschweigen und Umgehen des Gehalts Beethoven verkleinert und verkennt — und andererseits dem von seiten des Gehalts ausgelösten Irrtum der tradierten, heute weitgehend unreflektierten, topisch erstarrten Identifizierung des öffentlichen Kulturbewußtseins mit Beethoven, dem Irrtum des kultischen Tabu, den jenes Ausklammern und Verschweigen im Stich läßt — soweit es nicht selber von ihm zehrt.

Nicht in Frage zu stellen ist die Bezeichnung Beethovens als Klassiker in dem beschriebenen historischen Sinne dieses Begriffs und einschließlich des Merkmals von Klassik als fortdauernder Gegenwart, der »Mitzugehörigkeit des (klassischen) Werkes zu unserer Welt«.[34] Doch aufzudecken ist jener gedoppelte Irrtum des Verschweigens und der Emphase. In ihm und in dem Widerspruch dieser Doppelung in ihr selbst gründet die Ratlosigkeit gegenüber Beethoven heute, die Flucht ins Detail, Unsicherheit und Ohnmacht, Skepsis und Unbehagen.

---

34 Gadamer, a.a.O., S. 274.

Notwendig erscheint die durchrationalisierte Klarlegung der Position Beethovens heute, nicht zuletzt seitens der Rezeptionsgeschichte, die hierfür Kriterien liefert. Der Rückzug aufs Technologische erscheint so fragwürdig wie die vereinzelten Versuche, Beethovens Werke auch bei ihrer Aufführung aufs Strukturelle zu verkleinern. Beides verfehlt gerade dasjenige, was Beethoven zum Höhepunkt von Klassik gemacht hat und ihn noch über sie hinaushob: Trost und Hoffnung, Kampf und Sieg, Leiden und Überwinden, in den Wirkungsformen des Transzendierens und der Utopie. Analytisch gälte es, mit jenen Gehalten sich auseinanderzusetzen, die in der Geschichte der Beethoven-Rezeption zum Begriff sich brachten, und in dem Maße, in dem es unmöglich erscheint, sie zu widerlegen, gerade sie laut auszusprechen. Nicht jedoch nunmehr, um im Prozeß von Identifikation zu ihnen sich zu »bekennen«, sondern um auch Klassik und Beethoven in die Distanz des Historischen zu rücken — Distanz, die den Raum eröffnet, in welchem der Irrtum der Emphase wie der des Verschweigens gleichermaßen sich abbauen: den Raum einer Bewußtheit, die sich die Frage stellt, einerseits ob es möglich ist, unbefangen hinter Beethoven zurückzugehen zu einer Musik, die noch nicht auf der Artikulation von Leiden beruht, und andererseits ob die »zeitlose Gegenwart« Beethovens, die unmittelbare Zugänglichkeit seiner Musik, ihre Zugehörigkeit zu unserer Existenz, nicht ein Zeichen ist für das anhaltend auf Leiden beruhende Realitätsgefüge noch der gegenwärtigen Welt und ob die ästhetische Transzendierung dieses Leidens ins Immerwährende nicht ebenso problematisch geworden ist wie die Überwindungs-Utopie, sofern sie an Kunst sich nährte, als ohnmächtig sich erwies.

In dem Maße nun allerdings, in dem im Raum der Distanz solches Fragen die Bestimmungen und Merkmale von Klassik tangiert, wie wir sie entwickelten, beginnt es, diesen Begriff selbst erneut zu befragen.

DRUCKNACHWEISE

Zur Geschichte der Beethoven-Rezeption. Beethoven 1970, als Vortrag gehalten in der Plenarsitzung der Akademie der Wissenschaften und der Literatur (Sitz Mainz) am 10. April 1970; ausgearbeitet als Abhandlung der geistes- und sozialwissenschaftlichen Klasse dieser Akademie, Jg. 1972, Nr. 3, Wiesbaden 1972.

Zur Wirkungsgeschichte der Musik Beethovens. Theorie der ästhetischen Identifikation, zuerst erschienen in: *Bericht über den internationalen Beethoven-Kongreß März 1977 in Berlin*, Leipzig 1978.

Beethoven und der Begriff der Klassik, erschienen in: *Bericht über das Beethoven-Symposion Wien 1970* = Sitzungsberichte der Österreichischen Akademie der Wissenschaften, philosophisch-historische Klasse CCLXXI (Veröffentlichungen der Kommission für Musikforschung Heft 12), Wien 1971.

PERSONENREGISTER

Abert, Hermann 19, 28, 61, 73, 79, 82
Adorno, Theodor W. 27, 49f., 61f., 72, 75, 82, 88, 105ff.
Ambros, August Wilhelm 35, 44, 77, 86, 138
Arnim, Bettina von 21, 43
Auric, Georges 18

Bach, Johann Sebastian 75, 124, 139
Becking, Gustav 73
Bekker, Paul 38, 57, 71, 78f.
Benz, Richard 26, 38, 48, 72, 79, 81, 95
Berlioz, Hector 23
Bie, Otto 81, 155
Bihler, A. 43
Birtner, Herbert 61
Bloch, Ernst 61, 72f., 78, 81
Böhm, Karl 31, 72
Bouyer, Raymond 55, 87
Brahms, Johannes 103
Breitkopf und Härtel 47
Bruckner, Anton 23, 103
Brunswick, Franz von 76
Bücken, Ernst 71
Busoni, Ferruccio 14ff., 20, 33, 48, 58, 75, 80, 97, 155

Canudo, Ricciotto 55
Cherubini, Luigi 47
Chopin, Frédéric 103, 149
Cornelius, Peter 39
Curtius, Ernst Robert 138, 149
Czerny, Carl 69

Diner-Dénes, Josef 39
Dommer, Arrey von 38

Eichendorff, Joseph von 154
Einstein, Alfred 54, 65
Engels, Friedrich 34, 64
Engels, Marie 34
Erdödy, Anna Marie 40
Erfurth, Arno 17, 62

Faltin, Peter 123
Fauchois, René 92
Finscher, Ludwig 69f., 140, 145
Forchert, Arno 63
Friedell, E. 155
Furtwängler, Wilhelm 19, 61f., 73, 77

Gadamer, Hans-Georg 139, 143, 156
Gellius, Aulus 137
George, Stefan 93
Gerber, Ernst Ludwig 39
Goethe, Johann Wolfgang von 35, 42, 74, 138, 142f., 149, 151, 153
Goldschmidt, Harry 87, 123
Grillparzer, Franz 46f., 72, 78, 92, 108, 138
Grobe, Donald 31

Halm, August 59, 71, 81, 83, 98, 138, 155
Handschin, Jacques 26, 148
Hanslick, Eduard 16
Harnack, O. 142
Haydn, Joseph 23, 43, 57, 75, 137ff., 142ff., 147ff.
Hegel, Georg Wilhelm Friedrich 21, 145ff., 149f.
Herriot, Edouard 53
Hess, Willy 27, 38, 72, 79, 87
Hildebrand, Dietrich von 28, 61, 86

Hiller, Ferdinand 39
Hiller, Friedrich 85
Hindemith, Paul 19, 25
Hoffmann, Ernst Theodor Amadeus 21f., 42f., 45f., 68, 75, 77, 84f., 92, 99f., 128f., 140, 150f., 153
Hofmannsthal, Hugo von 38, 81
Hofmeister, Franz Anton 47, 89

Jean Paul 142
Joachimson, Felix 18f., 73
Jochum, Eugen 31

Kagel, Mauricio 32, 98
Kahl, Willi 64
Kempff, Wilhelm 31
Kleiber, Erich 19
Knepler, Georg 61, 72, 74, 88
Kraus, Wilhelmine 35
Kreisig, Martin 100
Křenek, Ernst 18, 25, 155
Kropfinger, Klaus 58, 63, 100

Lambert, Raymond-Raoul 93
Landau, H. J. 138
Leitzmann, Albert 43, 46
Lenz, Wilhelm von 138
Lissa, Zofia 102, 116f.
Liszt, Franz 138

Mahler, Gustav 103
Malfatti, Therese 92
Marek, G. R. 39
Marx, Adolf Bernhard 36f., 57f., 77, 100
Marx, Karl 34
Massin, Brigitte 53, 61, 81, 88
Massin, Jean 53, 61, 81, 88
Mauclair, Camille 94
Mayerhofer, Johann 47, 79
Mendelssohn Bartholdy, Felix 21, 103
Mersmann, Hans 65, 81, 86

Merz, J. 43
Metzger, Heinz-Klaus 30, 50, 105
Michelangelo Buonarroti 155
Misch, Ludwig 72, 97
Moser, Hans Joachim 19, 24, 73, 97
Motte, Diether de la 67
Mozart, Wolfgang Amadeus 23, 27, 43, 57, 59, 75, 83, 88, 137ff., 142ff., 147ff., 154

Natorp, Paul 48, 77, 94
Ney, Elly 72, 84
Nietzsche, Friedrich 61, 73, 80, 112, 149
Nohl, Ludwig 37, 60, 73, 86, 93, 148

Oehlmann, Werner 62, 86
Osthoff, Wolfgang 69

Pauli, H. 30, 50, 105f.
Pfitzner, Hans 61
Picht-Axenfeld, Edith 26
Pieck, Wilhelm 88
Pioch, Georges 55, 60, 88
Plinius 47
Preussner, Eberhard 19
Prod'homme, Jacques-Gabriel 55

Ratz, Erwin 30, 82, 92, 98
Ravel, Maurice 18, 155
Reinecke, Hans-Peter 123
Richter-Haaser, Hans 31
Riemann, Hugo 54, 65, 93f., 127
Riezler, Walter 29, 59, 66f., 82, 87, 155
Rolland, Romain 38, 48, 55, 59f., 71, 93
Rudolf von Habsburg, Erzherzog 40
Rufer, Josef 19

Sandberger, Adolf 25
Schenk, Erich 74, 78
Schiedermair, Ludwig 24

Schiller, Friedrich von 142f., 149, 153
Schilling, Gustav 43
Schindler, Anton 42, 148
Schlegel, Brüder 141
Schmidbonn, Wilhelm 48
Schmidt-Görg, Joseph 23, 38, 74, 79
Schmitz, Arnold 21f., 24, 26, 64, 72f., 100, 148
Schnaus, Peter 128f.
Schnebel, Dieter 30, 105
Schneiderhan, Wolfgang 31
Schneyder, Xaver 46
Schönberg, Arnold 18f., 25, 124
Schrade, Leo 53, 55, 59f., 87f., 92ff.
Schubart, Arthur 39, 53
Schubert, Franz 103, 154
Schütz, Heinrich 103
Schumann, Robert 21f., 36, 44f., 60, 62, 85, 100
Shakespeare, William 142, 155
Shaw, Bernard 71
Spohr, Louis 21
Spranger, Eduard 73
Stephan, Paul 61
Sterba, Editha 26, 28f., 97
Sterba, Richard 26, 28f., 97
Stockhausen, Karlheinz 103
Stoph, Willi 32, 74, 79, 84
Storck, Karl 35
Strawinsky, Igor 16f., 25, 58
Strich, Fritz 142

Stuckenschmidt, Hans Heinz 27, 31, 81

Thomas-San-Galli, W. A. 38, 71, 79f., 86, 155
Tiedge, Christoph August 41
Tiersot, Julien 55
Treitschke, Georg Friedrich 89
Tschaikowsky, Peter 17

Varena, Joseph 41, 89

Wagner, Richard 23, 37, 55, 58, 60ff., 64, 77ff., 87, 100, 103, 124, 149
Walter, Bruno 19
Weber, Carl Maria von 21, 23, 103, 154
Webern, Anton 19, 30, 139
Wegeler, Franz Gerhard 76, 89f.
Weill, Kurt 18
Wellek, René 141f., 150
Wendler, U. 154
Wendt, Amadeus (Johann Gottlieb) 21, 39, 42ff., 53, 75, 77, 85, 92, 100, 139ff., 149ff.
Westphal, Kurt 27, 86
Wildberger, Jacques 29f.
Wengk, F. 71

Zimmer, Friedrich August 86
Zmeskall, Nikolaus 41